南北アメリカ・スペイン語

三好準之助 著

東京 大学書林 発行

目　次

はじめに ………………………………………………………5
　　1．世界のスペイン語 ………………………………………7
第1部　総説編 ……………………………………………………13
　　2．南北アメリカ・スペイン語の略史 ……………………13
　　3．南北アメリカで接触した言語 …………………………19
　　4．南北アメリカ・スペイン語の発音 ……………………25
　　5．S音法 ……………………………………………………31
　　6．Y音化現象など …………………………………………37
　　7．ボス法など ………………………………………………43
　　8．その他の代名詞 …………………………………………49
　　9．名詞 ………………………………………………………55
　10．動詞 ………………………………………………………61
　11．その他の文法 ……………………………………………67
　12．語彙の特徴 ………………………………………………73
第2部　地域別編 …………………………………………………82
　13．メキシコ（CD Track 1）………………………………82
　14．中米とコスタリカ（CD Track 2）……………………90
　15．カリブ海域とキューバ（CD Track 3）………………98
　16．コロンビア（CD Track 4）……………………………105
　17．ベネズエラ（CD Track 5）……………………………112
　18．エクアドル（CD Track 6）……………………………120
　19．ペルー（CD Track 7）…………………………………128
　20．ボリビア（CD Track 8）………………………………136
　21．パラグァイ（CD Track 9）……………………………143
　22．チリ（CD Track 10）…………………………………150
　23．ウルグァイ（CD Track 11）…………………………158
　24．アルゼンチン（CD Track 12）………………………165
付録　　発音関連の資料 ………………………………………173

はじめに

　本書は南北アメリカ・スペイン語についての知識を整理するための解説書である。また、スペイン語学習の専門課程の、応用段階で行われる授業のための教科書として1年間（2セメスター）で使えるようにもした。全体は「はじめに」の1課、前半の総説編（11課）、後半の地域別編（12課）、および付録で構成されている。前半は下記の『概説　アメリカ・スペイン語』を要約・改定したものである。地域別編はスペイン系の南北アメリカから12ヶ国を選び、その国の歴史的な事情や現状をまとめて紹介し、スペイン語使用にかかわる情報を選んで説明した。そして各課には教養口語の実例を用意した。

　南北アメリカ・スペイン語を更に詳しく学習するための、日本語で書かれた主要な参考文献としては、三好準之助『概説　アメリカ・スペイン語』（2006、大学書林）とジョン・リプスキ『ラテンアメリカのスペイン語』（2003、浅若みどり他訳、南雲堂）がある。スペイン語全体の歴史的な展開のなかに含まれる南北アメリカ・スペイン語の位置づけについてはラファエル・ラペサ『スペイン語の歴史』（2004、山田善郎監修、中岡省治・三好準之助訳、昭和堂）が詳しい。なお、この世界でスペイン語を使っている人々、すなわちスペイン語話者にかかわる歴史を解説したものにホアンラモン・ロダレス『セルバンテスの仲間たち』（2006、三好準之助訳、柳原出版）がある。この本はイベリア半島の北部の、粗野だが活力に富んだ人間集団が使い始めたスペイン語が、どのような経過でダイナミックな発展をとげて現在のような国際語の地位を得たのか、などの疑問に対して明快でユーモアに富んだ答えを出してくれている。

　今日、日本人がスペイン語を学習するとき、そこには様ざまな目的があるだろう。学習するスペイン語の種類も多様である。かつてはスペインの標準語が教えられていた。しかし現在では、最初からスペイン系アメリカの先生からスペイン語を学ぶことも多い。とはいえ基本的には、中級程度までで教えられるスペイン語（とくに文法）は、世界のスペイン語圏に共通のもので

ある。そしてそこにはスペインの標準語が色濃く反映している。他方、広い世界で使われてきたスペイン語には多くの方言的な違いが見られる。だから中級程度の共通スペイン語の知識を持っている人でも、南北アメリカのスペイン語話者とのコミュニケーションでは戸惑うことが多い。そして南北アメリカにはスペインの10倍に近いスペイン語話者がいるのである。

　本書はこのような戸惑いを少なくするための学習書である。発音ではその違いを認識して聞き分けられるように、文法では誤解が生じる可能性もあるのでその違いを明確に理解できるように、と願って解説した。しかし戸惑いの大きいのは何といっても語彙であろうが、その肝心の語彙の多様性は無限である。第12課では、スペインの標準語との違いが生じるときの傾向や基本的な語彙の性格についてしか解説することができなかった。語彙の違いを正確に理解するには、やはり適当な辞書を参考にすることがすすめられる。なお、コラムの形で、南北アメリカの特徴的な単語の話や興味深い関連情報を加えておいた。

　インタビューの内容を文字に起こす際には京都産業大学の同僚であるCarlos Vicente Fernández Cobo氏に手伝ってもらった。彼はスペインの標準語のインタビュー（付録の2）も引き受けてくれた。また、付録の3の「一般的な発音」は、スペイン語の部分をベネズエラのEnrique Obediente Sosa先生に依頼して録音していただき、それに筆者が日本語を加えて編集したものである。また日本の何人かの先生方から貴重な助言をいただいた。御協力下さった皆様には、ここに記してお礼申し上げます。

1. 世界のスペイン語

1.1.「南北アメリカ・スペイン語」という呼び名について

　本書では（カリブ海域を含む）南北アメリカの両大陸で使われているスペイン語を大きくまとめて「南北アメリカ・スペイン語」と呼んでいる。北アメリカのアメリカ合衆国から南アメリカの最南端までで使われているスペイン語のことである。この包括的なくくり方は、それらの広範な地域が、かつてスペインの植民地であったという歴史的な共通性、すなわちスペイン系アメリカという性格にもとづいており、長いあいだ、スペイン語圏の言語研究の分野で慣習的に使ってこられたespañol de Américaというまとめ方を参考にしている。

　日本ではそれを「中南米のスペイン語」とか「ラテンアメリカのスペイン語」と呼んできたが、これらの名前では実態をうまく表現することが難しい。いずれも、4千万強のスペイン語使用者がいるアメリカ合衆国が含められないし、「中南米」には慣習的にメキシコを含むとはいえ、この人口1億人以上を擁するスペイン語文化圏の大国メキシコが北アメリカに含められる地理上の区分法もあるから、どうにも都合が悪い。そこで「南北アメリカ・スペイン語」という術語を採用することにした。

1.2. スペインのスペイン語と南北アメリカ・スペイン語

独立国家の標準語と方言

　スペイン系アメリカはかつて300年以上にわたってスペインの植民地であった。南北アメリカで使われているスペイン語は、植民地時代には本国スペインの標準スペイン語からみれば、その方言であった。「方言」という言語様態は、他方にその言語の標準的規範がなければ把握できない概念である。南北アメリカの植民地がさまざまな共和国として独立すると、国家理念としてはそれぞれの国に標準語が指定されることになる。ところがスペインの言語研究の分野では、南北アメリカの植民地が独立したあとでも1世紀以上にわたって、南北アメリカ・スペイン語はスペインの標準スペイン語の方言と

して位置づけられていた。しかしながら今日では、スペイン系アメリカの諸国にはそれぞれの国に標準的なスペイン語が存在するし、また、それぞれの国においてその標準語とは異なった言語様態が方言として研究されている。スペイン語を公用語として使用している南北アメリカの国々の標準語は、もはやスペインの標準語の方言ではない。

1.3. 世界のスペイン語話者

現代の世界で、スペインよりもスペイン語話者の多い国はどこか。また同程度の数の話者がいる国はどことどこだろう。

　世界では約4億の人々がスペイン語を話している。また「話す」という行為にもその度合いに何種類かがある。スペイン語を母語として使用する場合、母語以外の言語が公用語になっている国で第二言語として使用する場合、第二言語ほどではなくても文化活動や政治経済の仕事でスペイン語を使用している場合、などが考えられる。単純に日常生活でスペイン語を使用している人を数えるだけで、その数はおそらく4億を越えているであろう。その約1割がスペイン人、ほぼ8割がスペイン系アメリカの人、1割強がその他（アメリカ合衆国の居住者、フィリピン人、赤道ギニア人、スペイン系ユダヤ人など）である。

　スペイン語は以下の国々で公用語となっている。スペイン語による正式国名とおよその人口を加えた（カッコ付は公用語がスペイン語でない場合）。

1）ヨーロッパ
　スペイン王国　Reino de España, 4,670万。
2）南北アメリカ
　（アメリカ合衆国 Estados Unidos de América, 3億7百万、スペイン語話者4千万）。
　アルゼンチン　República Argentina, 3,990万。
　ウルグァイ　República Oriental del Uruguay, 350万。
　エクアドル　República del Ecuador, 1,320万。
　エルサルバドル　República de El Salvador, 680万。

（オランダ領アンティル諸島　Antillas Neerlandesas, 公用語はオランダ語、22万）。

　　キューバ　República de Cuba, 1,130万。

　　グァテマラ　República de Guatemala, 1,360万。

　　コスタリカ　República de Costa Rica, 450万。

　　コロンビア　República de Colombia, 4,460万。

　　チリ　República de Chile, 1,680万。

　　ドミニカ　República Dominicana, 980万。

　　ニカラグァ　República de Nicaragua, 570万。

　　パナマ　República de Panamá, 330万。

　　パラグァイ　República del Paraguay, 620万。

　　プエルトリコ Puerto Rico, アメリカ合衆国の自由連合州 Estado Libre Asociado, 300万。

　　ベネズエラ　República Bolivariana de Venezuela, 2,790万。

　　ペルー　República del Perú, 2,850万。

　　（ベリーズ　英語名 State of Belize, スペイン語名 Belice、公用語は英語、30万）。

　　ボリビア　Estado Plurinacional de Bolivia, 1,002万。

　　ホンジュラス　República de Honduras, 740万。

　　メキシコ　Estados Unidos Mexicanos, 1億700万。

3）アフリカ

　　赤道ギニア　República de Guinea Ecuatorial, 51万。

4）アジア

　　（フィリピン共和国　公用語のフィリピノではRepublika ñg Pilipinas, 公用語はほかに英語、地方語。スペイン語話者は人口8,860万のうちの約1％か）。

5）ユダヤ系スペイン人：ヨーロッパや南北アメリカなどの約40万。

1.4. スペイン語の位置づけ

> スペイン語がその他の言語とともに公用語になっている国はどことどこだろう。

スペイン語使用国では、スペイン語の占める位置が次のようになっている。
（1）複数の先住民語があるが、スペイン語が唯一の公用語になっているところ：スペイン系アメリカの大部分や赤道ギニア。
（2）スペイン語がほかの言語とともに公用語になっているところ：スペイン（＋いくつかの地方語）、プエルトリコ（＋英語）、ペルー（＋ケチュア語・アイマラ語）、ボリビア（＋ケチュア語・アイマラ語・グァラニー語）、パラグァイ（＋グァラニー語）。
（3）スペイン語が少数派話者の言語になっているところ：アメリカ合衆国、オランダ領アンティル諸島、フィリピン、ベリーズなど。

1.5. アフリカのスペイン語圏
　アフリカにはスペイン領としてセウタCeutaとメリジャMelillaの2都市がある。そのほかに、20世紀中頃過ぎまで2ヶ所あった。西サハラと赤道ギニアである。
　西サハラは1976年にスペインがその領有権を放棄し、サハラ・アラブ民主共和国（公用語はアラビア語）に生まれ変わった。
　赤道ギニアは1968年に独立し、その公用語としてスペイン語を採用した（準公用語としてフランス語も使われている）。アフリカ大陸中部の西端にあって、アフリカでスペイン語を公用語とする唯一の国になっている。

1.6. フィリピンのスペイン語
　8,860万の人口と8千ほどの島々からできているフィリピンは、1521年にマゼランが到着してからスペイン領としてヨーロッパに紹介された。この諸島は当時のスペイン王カルロスⅠ世の皇太子であるフェリペFelipeにちなんで Islas Filipinas（フェリペの島々）と名づけられた。スペインはそれ以降、1898年の米西戦争でアメリカ合衆国に敗北するまで、これらの島々を植民地とし、メキシコ副王領（cf. 2.3.）を通して統治した。
　その間、統治が古い部族単位を利用して行われたため、スペイン語は先住民の支配階級（上流社会）には浸透したが、民衆のあいだに一般化するには至らなかった。

19世紀末の米西戦争（1898年）のあと長い間アメリカ合衆国に統治され、英語が教養語としてスペイン語にとって代わるのに時間はかからなかった。第二次世界大戦後に独立してからも合衆国との関係は深い。現在、公用語はFilipino「フィリピノ語」（Pilipino「ピリピノ語」、先住民語のひとつであるタガログ語）と英語である。スペイン語を使用している人の数は、使用の程度によって変わるが、50万とも100万とも言われる（国民の約1％か）。

1.7. ユダヤ系のスペイン語話者

　スペインは1492年にイベリア半島をカトリックという宗教によってほぼ統一し、その領土に住んでいるユダヤ教徒を追放した。追放された者の数ははっきりしないものの、約10万ほどだと言われている。行き先はポルトガル、イタリア、オランダ、南フランス、モロッコ、そしてとくに東地中海沿岸部にあるオスマントルコ帝国の領内であった。彼らは移住先で、追放された当時のスペイン語を内輪で使い続けたが、それは移住先の文化に押されてほとんど言語発展をせず、ほぼ15世紀末の古いスペイン語のままである。今日、約40万人の話者がいると言われている。

1.8. アメリカ合衆国のスペイン語話者

アメリカ合衆国では、スペイン語話者の数は人口のおよそ何％に当たるだろうか。

　アメリカ合衆国（総人口3億7百万）では、スペイン語を母語として使用する人をヒスパニック hispanic と呼んでいる。彼ら自身は自分たちをラティノ latino と呼ぶ）。ヒスパニックは多数の移住者の流入が続いていることと居住者の出生率が高いことで、1970年からの20年ほどでその人数は倍近くになった。
　そして現在であるが、2000年の統計ではヒスパニックが23の州で最大の少数派集団になった。また、ワシントンポスト紙の2003年6月19日の記事が報ずるところでは、同国人口統計局がその前日に発表した2002年7月現在の統計によると、いまやヒスパニックが予想されたよりも早く、合衆国における最大の少数派集団（minority group）になった。その数は3,880万人

となり、これまで合衆国の最大の少数派集団であった黒人系人口（3,830万）の数を抜いている（2010年には4千万以上か。さらに不法滞在者が1千万人はいるとも言われている）。他方、21世紀の中ごろにはその数が1億人（総人口の25%）にもなろうという予想も存在する。

　アメリカ合衆国は基本的に移民の国である。ヒスパニックたちのなかにはこの国が独立する以前からその地（スペインの植民地時代にはスペイン領、メキシコが独立してからはメキシコ領、そして19世紀中ごろからアメリカ合衆国になった地域）に住んでいた者（おもにメキシコ人）の子孫もいるが、その大部分は19世紀に入ってから現在までの絶え間ない移入民の波となってこの国に入ってきた人たち、そしてその子孫たちである。だから彼らのスペイン語の母体はそれぞれの出身地のスペイン語であり、それが時間とともに自身で変化したり、国民の大多数の言語である英語の影響を受けたりして変わってきている。とはいえ、基本的には出身地のスペイン語の特徴が色濃く残っている。彼らの居住地域は、ワシントンD.C.やニューヨークのある北東部、フロリダ半島を含む南部、テキサスやカリフォルニアを含む南西部に集中している。

　ヒスパニックは、その大多数がメキシコ系である。彼らの数は今日、2千万人以上に達しているという。ヒスパニックの半数以上がメキシコ系であることになる。おもに南部や南西部に住んでいる。つぎに多いのはプエルトリコ系のヒスパニックである。プエルトリコ島の人口と同じぐらいの約350万人のプエルトリコ系の人たちがスペイン語話者として、おもに北東部に居住している（しかし彼らは、対外的にはアメリカ合衆国の人たちである）。キューバ系のヒスパニックも多い。フロリダ半島南部を中心に150万人ほど住んでいる。

第1部　総説編

2.　南北アメリカ・スペイン語の略史

1．南北アメリカ・スペイン語の平準化とは？　そしてその時期は？
2．南北アメリカの独立直後の、スペイン語話者の割合は？
3．スペインが南北アメリカ大陸に設置した副王領とは？
4．スペインの王立アカデミアとは？　そしてその設置時期は？
5．SarmientoとCuervoはいつ頃のどこの人で、何をしたのか？
6．1900年前後に起こったスペイン語統一への動きの要因は？

2.1. スペイン語の登場

　南北アメリカの言語上のスペイン化は、いまから約5世紀前に始まった。カスティリア地方に生まれた言語が新しい広大な領土に移植され始めたのである。それゆえ当然のことながら、南北アメリカ・スペイン語はヨーロッパのスペイン語が領土的に伸張した結果として生まれた。この移植はほかならぬコロンブスCristóbal Colónから始まるが、彼は航海日誌のなかで、何人かの先住民をスペインに連れて行ってスペイン語を学ばせ、そして彼らをアメリカに連れもどしてコンキスタドール（conquistador, 征服者）のために通訳として働かせようという意図を明らかにしている。2度の機会に実行したが、結果は失敗であった。連れてきた先住民がスペインで死亡したり、新大陸の言語事情が錯綜していて、スペインで学習させた先住民が戻っても、自分の母語しか知らないので通訳になれなかったからである。
　スペイン文化の浸透は、lengua「舌」と呼ばれる通訳たちが出現するに従って可能になった。彼らは先住民であったが、好むと好まざるにかかわらず、スペイン人たちの間で生活した。通訳のなかには先住民たちと共同生活をして土地の言語を学んだスペイン人もいた。僧侶や探検隊の生き残りであり、やむなく先住民の共同体に入った者たちである。

アメリカ大陸のスペイン化はゆっくりしたものであった。征服が進むにつれてスペイン人たちはつぎからつぎに新しい言語に出会い、絶望していった。スペイン王室はスペイン語を教えるようにすすめたが、現場の、とくに宣教師たちは、先住民がスペイン語を学ぼうという意欲を持っていなかったり、相互にあまりにも異なった構造の言語だったから教えるのが難しく、とうていスペイン語を教えることなどできないと考えたりしていた。

2.2. スペイン系アメリカにおけるスペイン語の平準化

　植民地アメリカでさまざまな方言形態のままで使用されはじめたスペイン語は、先住民語もある程度取り入れて、16世紀の末頃には基本的な点で統一されていた。そしてそのように共通語化したスペイン語が、入植活動とともに大陸の各地に運ばれていった。

　16世紀には、スペインのあちらこちらの出身者が、最初はアンティル諸島に、つぎに南北アメリカの大陸部に渡っていき、新大陸の征服や入植といった事業を共同して行うことになる。スペイン各地の方言を話す人たちが共同生活をするところでは、使用言語の様態が異種混交の状態であった。彼らが共同生活を維持する段階でさまざまな使用言語が合流したが、そこでは言語コミュニケーションの効率化をはかるため、自分たちの言語特徴の一部を放棄し、他人の特徴の一部を採用しつつ、一種の地域共通口語（koiné）の形成が進められた。平準化である。そして次の世代の者はそれを自分たちの共通語として使用するようになる。なかには、もともと日常的にはスペイン語を使わなかったバスク人のように、その共通語を改めて学習しなくてはならないような場合もあった。それとは逆に、アンダルシア人の場合には、初期の渡航者のなかでは人数的に優勢であったため、スペイン語の平準化の過程で自分たちの言語特徴の多くが採用され、共通語の学習では有利な立場にたつことができた。

　そして平準化された植民地アメリカの初期の共通語には、現在でもスペイン系アメリカに広くみられる言語特徴が定着した。音声面ではS音法seseoやY音化現象yeísmo、文法面では複数の親しい話し相手を指す人称代名詞vosotrosが放棄され、ustedesになる現象などである。スペイン南部とスペイン系アメリカに共通する特徴である。

2.3. 南北アメリカ・スペイン語の時代区分

　15世紀末にコロンブスがアメリカ大陸に持ち込んだスペイン語は多様な歴史をたどってきたが、その歴史の時代区分には、いくつかの方法が提案されている。植民地時代（19世紀前半まで）と独立時代に二分したり、起源の時代（アンティル時代）・発展の時代（18世紀後半まで）・変質の時代（19世紀末まで）・現代のように4分割する考え方もある。以下では言語政策的な視点からの3期の分割を紹介しよう。

　なお、スペインの王室は南北アメリカ大陸の植民地を副王virreyに統治させたが、そのために4種類の副王領を制定した。Virreinato de Nueva España（1535年設置、首都はCiudad de México）、Virreinato del Perú（1544年設置、首都はLima）、Virreinato de Nueva Granada（1717年設置、首都はSantafé de Bogotá）、Virreinato del Río de La Plata（1776年設置、首都はBuenos Aires）である。とくに前二者の首都には、副王の交代と共に多くの官吏やその関係者が本国の宮廷の最新のスペイン語を導入し続けたが、首都から離れた僻地にはそのような新たな言語用法がなかなか届かなかった。このことが南北アメリカ・スペイン語の方言分化の大きな要因のひとつになっている。

1）第1期：統一体の時代

　この時代には南北アメリカの植民地はスペインの一部であることから、言語も本国の標準語が課された。一般的に、スペインの外にあるスペイン語は当然のようにスペインの標準語よりも純粋さや優雅さの度合いが低いと考えられていたから、スペインでは植民地からやってきた者が流暢にスペイン語を話せば、それは驚きの対象となった。他方、植民地の知識人にも自分たちのスペイン語が劣っているという自覚があった。そして自分たちの言語特徴が地方語的であって高度な文学表現には適していないという思いから、文学語としてはイベリア半島の標準語を使うように努力した。しかしながら、南北アメリカのスペイン語が優れていたという証言もスペイン側に残っている。実際、植民地の政治的・文化的な中心地では十分にスペインの標準語の条件にかなうスペイン語が学ばれ、話されていた。南北アメリカの植民地時代は、結果としてスペイン語がひとつの言語でありつづけるための努力がなされていた時代であると言える。

その努力の指針の提供者となったのが、1713年に生まれた王立アカデミア（Real Academia Española）であろう。この組織は単一国家としてのスペイン帝国の言語統一を目指したが、その統一的な規範のなかには南北アメリカの用法も加えられていった。ヨーロッパのスペイン語も南北アメリカのスペイン語もしかるべく考慮されている。
　この時代、南北アメリカの人々は自分たちのスペイン語が劣っているので本国のものを模倣する必要があると考えていた。植民地の宿命である。

2）第2期：分離の時代

　16世紀に出現した植民地帝国スペインは、19世紀初頭の独立戦争のあと、植民地アメリカがつぎつぎに独立し、消滅することになった。スペイン語はほぼ自動的に、新たに生まれた独立共和諸国の公用語になるが、それによって、以前に確立されていた言語使用上の原則が根本的に変わっていった。しかし独立当初、概算であるが、スペイン語の使用者は3人に1人の割合であったとも言われている。
　実際、植民地アメリカには16世紀後半から、新大陸に定住するスペイン人を両親とする新たなタイプのスペイン人が出現していた。クレオール（criollo）と呼ばれる現地生まれのスペイン人たちである。彼らは謙虚で、副次的な社会を構成していたが、言語の面では土地の言い方を排除し、本国からやってくる官吏や教養人たちの話し方を学んでいった。そして独立とともに実権を握ることになったが、同時に、植民地時代の2種類の社会的基盤が再検討されることになった。ひとつは、自分たちのスペイン語はスペインの標準語の延長線上に位置しているのではなく、自分たち独自の国家語になったこと、そしてもうひとつは、獲得された独立を確固たるものにするために自らの個性を育てなくてはならなくなったことである。当然、前代の常識であった自己否定的な評価はなくなってゆく。そして新共和国が各自の個性を開拓することによって国家としての個別化が始まり、しばらくすると言語もその歴史の流れに動かされ、各国が自身の国家語を意識するようになった。かつては劣等感の対象であった自分たちの言語特徴が国家語の位置にまで高められ、各国の教養語規範に変わっていった。しかしながら南北アメリカ的特徴が各国の国家的個性になる過程はゆるやかで、その種類や程度も限られていたし、進展も直線的ではなく、国ごとに違っていた。

言語の統一性に関しては、19世紀初頭の独立はスペインと南北アメリカを分離したし、また南北アメリカ自身も地方ごとに分かれた。もともと各地方はそれぞれが副王領を通してスペインとつながってはいても、お互いの横のつながりは少なかったので、きずなとしてのスペインがそこから離れていくと、各地はばらばらになった。結果として各国は歴史的・文化的な兄弟的連帯感によってつながりあいつつも、国家として分離していった。

　独立当初から1830年代までは、各国はスペイン語についてほぼ一様な姿勢を示す。スペインの標準語を維持する、という姿勢である。この時代を代表する知識人にベジョ Andrés Bello がいる。彼にとって教養ある話し方は、植民地時代と同じくスペインの話し方であった。そして30年代の終わりころ、ヨーロッパでナショナリズムの進展と並行して国民的な意識の高揚を目ざす国民文学運動として展開されているロマン主義が浸透し、その運動とともに、かつては各地で否定されていた土地ごとの文化的特性が価値を帯びはじめた。とくにアルゼンチンではその評価が強く意識された。アルゼンチン人にとっては自分たちの国語もスペインのスペイン語から「独立」emancipación しなくてはならないのであった。その流れのなかにサルミエント Domingo Faustino Sarmiento（1811-1888）が姿を見せ、おもに正書法に注目した改定を提案し、スペインのスペイン語とは異なった国語としてのスペイン語を使い始めた（おなじような考え方がチリにも存在した）。他方、南米北部にはコロンビアにコエルボ Rufino José Cuervo（1844-1911）が現れ、南北アメリカのスペイン語がどのような形でスペインのスペイン語と異なっているのかを示してくれる。南北アメリカ・スペイン語はむしろスペイン文芸の古典期のスペイン語に近く、スペインのスペイン語のほうがそれから大きく逸脱していることを論証した。そしてアメリカの諸国は同時代のスペインの標準語に従属するのではなく、あるがままのスペイン語を、その不正用法を正しつつ、教養語規範として使用すればいいのだと主張する。南北アメリカ・スペイン語の新たな規範にもとづく再統合の提案であった。

　それゆえ、19世紀の終わりごろには、国家語としてのスペイン語に関して、相反するふたつの姿勢が共存していた。一方では、そのころ、自国だけではなく世界の言語圏としてのスペイン語の問題を検討しようとして言語アカデミアが各国に設立された。新たなスペイン語圏共通の言語規範を模索する姿勢が存在したのである。そして他方、南米南部のチリやアルゼンチンで

盛んな独自の国語を構築しようとする姿勢があった。

3）第3期：合流の時代
　20世紀に入ると、国語の独立をも求める動きと、スペイン語を統一的に開拓して新たな共通規範を模索する動きが合流する。一方では国語の独立をも求めるクレオール的な情熱が冷めてきたし、他方、各国がすでに共和国として安定してきていたので、人々は国際的に通用する共通スペイン語を文化活動と行政処理に使用することの利点を理解しはじめていた。
　スペインは1898年の米西戦争の敗北のあと、さまざまな歴史的変化の結果として形成された当時の南北アメリカのありのままの姿を現実として認め、スペイン系アメリカの各国が数世紀にわたって自己のものとして育んできたそれぞれの特性を是認するようになった。19世紀末までの長期間、マドリードがスペイン語文化圏の唯一の中心地として意識されてきたが、そのような姿勢をさらに維持することは実情に反する姿勢であるのみならず、この文化圏の将来が帯びているさまざまな可能性の道をふさぐことでもあった。そこで、スペインの標準語が純粋であって南北アメリカのスペイン語は不正だ、という考え方は姿を消していった。スペイン王立アカデミアもスペイン語文化圏の全体を対等のパートナーとして位置づけ、各国の言語アカデミアと協力する体制を維持している。なお、現在、スペイン語アカデミア連合には22の国のアカデミアが加盟している。
　かつては地方語的な特徴とされた言語用法も、今では各国の国語を特徴づける要素となっている。スペイン語は今や20ヶ国余の公用語であり、従うべき規範も同じ数だけ存在する。当然のこととして、言語政策を決定する中心地は各国にある。しかしこの複数中心の状態は必ずしもスペイン語の枝分かれを意味するわけではない。言語は同一文化に所属するという意識さえ存在すれば、適度なバリエーションを帯びつつも基本的な統一性を保ちつづける。求められるべき共通スペイン語は、そのようにして生まれた各国の言語規範に共通する特徴の総体（すなわち「理念としての規範」norma ideal）として定義づけられ、教養文語として使用されてゆくことになるだろう。

3．南北アメリカで接触した言語

　15世紀末に南北アメリカの新世界に移植されたスペイン語は、その後、現地の先住民諸語をはじめ、さまざまな異言語と遭遇しながら変化し、現在にいたっている。それらの言語を簡単に紹介しよう。いずれの言語も接触によって南北アメリカ・スペイン語に影響を与えたが、その影響は特に語彙面に著しい。

3.1. 先住民諸語

　スペイン語への影響は音声・文法の面でもわずかにあるようだが、はっきりとしているのは語彙においてである。それらの単語のいくつかはスペインの標準語に入り、その多くは世界各地の言語にも伝播した。ナワ語系のスペイン語 chocolate なども、めぐりめぐって日本語に「チョコレート」として入ってきている。

　植民地時代、スペインはキリスト教の布教を、スペイン語ではなくて先住民語で行った。布教のための「共通語」lenguas generales である。そのような先住民語は、スペイン人の到来以前の使用地域よりも広い範囲で使用されることにもなった。ナワ語、マヤ語、チブチャ語、ケチュア語、アイマラ語、グァラニー語、アラウコ語（マプチェ語）である。

１）アラワク語　el arahuaco：「アラワク」とは、かつてはアンティル諸島から南米中部にいたる広い地域に住んでいた諸部族にスペイン人が与えた総称である。彼らは似たような言語を使っていたが、その大半は現在、死語となっている。スペイン人が新大陸（カリブ海域）で初めて出会った先住民たちの言語である。それゆえ、彼らから学んだことばは、その後の征服で接した先住民たちに同義語があっても、基本的にそれは採用されず、使いつづけられた。アラワク語族に属していてハイチ、キューバ、サントドミンゴなどで使われていた言語はタイノ語 el taíno と呼ばれる（現在では死語）。タイノ語からスペイン語に入った単語に ají「トウガラシ」、batata「サツマイモ」、canoa「カヌー」、iguana「イグァナ」、maíz「トウモロコシ」、maní「ピーナッツ」などがある。

2）カリブ語　el caribe：アンティル諸島南部、ベネズエラ、ガイアナなどで使われてきた言語群はカリブ語と呼ばれている。ちょうどスペイン人たちがその地にやってきたころ、この言語を話す先住民は南米北部からカリブ海域へ進出し、タイノ語の使用地域を侵略していたが、スペイン人は先住民語で「非友好的な人」（あるいは「勇猛果敢な人」）という意味のcaribeということばで侵略してきた民族集団を呼んだ（そこから現在の「カリブ海」などの名称が生まれた）。カリブ語は現在、カリブ海域では死語である。ベネズエラで使われているカリブ語の方言はクマナー語 el cumanagoto と呼ばれていて、これも今日ではほんのわずかな話し手しかいない。カリブ語に由来するスペイン語にpiragua「丸木舟」、butaca「安楽椅子」、loro「オウム」などがある。

3）ナワ語　el náhuatl：メキシコにスペイン人が到着したころ、その地の代表的な先住民メシカ族（mexica）の公用語であった。ユート・アステック語族の一派であり、メキシコ中央部からエルサルバドルにかけて広く分布している。アステカ語el aztecaとも呼ばれる。1521年にコルテスHernán Cortésが征服したアステカ王国の主要語であった。今日、その話者は150万人ほどである。

　この言語からスペイン語に入った単語は多い。よく知られているものにchocolate「チョコレート」、chicle「チューインガム」、tomate「トマト」、cacahuete「ピーナッツ」、chile「トウガラシ」、aguacate「アボカド」などがある。

　征服時代が終わって植民地時代に入ると、スペイン王室の植民地統治の中心地が、北アメリカではメキシコに移った。その地の先住民の影響力が大きかったため、タイノ語との同義語（cacahuete, chile）もスペイン語に入っている（スペインではcacahueteであるが、メキシコではナワ語に一層近い語形のcacahuateが使われている）。

4）マヤ語　el maya：別名ユカテック語el yucateco。マヤ語族は現在、メキシコのユカタンYucatán半島からグァテマラにかけて分布し、数百万（数え方によって300万から800万）の話者がいる中米最大の言語集団である（なお、中米とはグァテマラからパナマまで）。しかしその共通スペイン語へ

の言語的影響はほとんどない。cenote「深い井戸」はマヤ語系である。

5）チブチャ語　el chibcha (el muisca)：チブチャ語は、広義では中米のコスタリカ、パナマからコロンビア、そしてエクアドル、ベネズエラなどに住んでいる先住民の言語である。現在その話者は約12万人であると言われている。また、狭義には15世紀ごろコロンビアの高原地帯で繁栄していたチブチャ帝国の言語、すなわちムイスカ語 el muisca を指すが、その話者は現在いない。muiscaとは、ボゴター近在の先住民が「人間」という意味で使っていたことばである。この言語からchicha「チチャ酒」がスペイン語に入っている。

6）ケチュア語　el quechua：1532年にピサロ Francisco Pizarro によって征服されたインカ帝国の共通語である。現在ではペルー（440万人）、エクアドル（220万人）、ボリビア（160万人）などに8百万以上の話者がいて、国内の地方ごとに標準化がすすめられている。ペルーではスペイン語とならんで公用語になっているが、その言語様態は複雑であり、現在では6種類の大きな方言群として扱われている。ボリビアでも公用語になっている。

　ケチュア語からも大量のことばがスペイン語に入った。たとえばquena「（楽器）ケーナ」、china「娘」、pampa「（大平原の）パンパ」、cancha「広場、遊戯場」、llama「（動物）リャマ」、vicuña「（動物）ビクニャ」、guanaco「（動物）グァナコ」、puma「ピューマ」、cóndor「コンドル」、papa「ジャガイモ」（これとbatataが交差して、patataになった）、coca「コカノキ、コカの種子」（これから派生したことばが麻薬のcocaína「コカイン」）、mate「マテ茶」などである。なお、名称のquechuaは、スペイン語の研究者のあいだではquichuaとも呼ばれている。方言別に呼び分けられていることもある（ペルーではquechua、エクアドルではquichua）。

7）アイマラ語　el aimara：アイマラとは、南米のアンデス地域の中央部で話される言語の名前であるが、そもそも、この言語を話す人たちが自分たち（民族）を指すのに使っていた名前である。ケチュア語と同系の言語であると言われてきたように、それとの共通語が多く、スペイン語の研究者によっては両言語を（ケチュマラ語族のような名称を使って）ひとつにして扱う

こともあった。しかし最近の研究では、語彙に共通点が多く、母音音素も3種類である点が同じであるとはいうものの、やはりこの両言語は別系統であろう、ということになっている。アイマラ語はケチュア語に隣接する地域（ペルーの東にあるチチカカ湖 Lago Titicaca の周辺からボリビアの西部高原、そしてチリの北東部あたりまで）で使用されている。現在では話者が約300万いると言われている。そのうちの200万人ほどがボリビアに住んでおり、ペルーには約100万人の話者がいる。いずれにせよ、アイマラ語の話者の6割以上がスペイン語との二言語併用者である（当然のことながら、そのほかに、アイマラ語だけの話者、ケチュア語との二言語併用者、ケチュア語・スペイン語・アイマラ語の三言語併用者もいる）。

ケチュア語との共通語でスペイン語に入っていることばには quena, china, pampa, llama, puma, coca などがある。「アイマラ語」のスペイン語名にも aimara, aimará, aymara などがある。

8）グァラニー語　el guaraní：南米大陸の大西洋側の北から南にかけて広く使用されている先住民語の大きな言語群はトゥピー・グァラニー語 el tupí-guaraní と呼ばれている。そしてパラグァイ河とパラナ河の流域地方で使われてきた言語がその言語群のなかのグァラニー語である（別名「ワラニー語」）。現在ではパラグァイ共和国で数百万人が使っていて、この国ではスペイン語とともに公用語となっている。人口が600万強のこの国ではその約半数が常時グァラニー語だけを使う。スペイン語だけの話者は都会部で1割強、非都会部で5％と言われている。グァラニー語の話者は国民の9割近くになるだろう。

この地域にスペイン人たちが入植した16世紀には、グァラニー語話者は10万人ほどであったと推定されている。それが現在では数百万人が使っている大言語になっている。その理由としては、宣教師がグァラニー語を共通語として布教したことや、20世紀中頃からの爆発的な人口増加もあったが、なによりもパラグァイの人たちが白人もメスティソも、自分たちの存在を主張する象徴として意識的にこの先住民語を使ったことが大きいようである。

この言語からは jaguar「ジャガー」（この動物はスペイン系アメリカで「虎」の意味の tigre で呼ばれることが多い）、mandioca「マンジョカ（イモ）、キャッサバ」などがスペイン語に入っている。

9）マプチェ語　el mapuche（別名、アラウコ語el araucano）：アラウコとは、チリの中部・南部とアルゼンチンのパンパに住んでいる先住民の語群を指す名前である。チリの中央部の人たちはマプチェと呼ばれているが、この名前は、この言語を使う先住民が自分たちの言語を呼ぶときの名称である。この語群はかつて、チリ北部の広い地域に分布する遊牧民が使っていた。彼らはスペイン人の支配に組織的で手ごわい抵抗を続け、なかなかスペイン化しなかった。両者は16世紀から19世紀中頃まで対立状態にあったといえる。19世紀の中頃にチリの軍隊によってほぼ平定されたが、それでも政治的な自治権を維持していた。しかしその世紀の末頃に再度平定され、今度は南部の保護地に移送され、そこで農民として定住することになった。現在の話者は約55万人である。

　このような関係もあって彼らの言語からスペインの標準語に入ったことばは限られている。一般的なスペイン語にはmalón「（先住民の）襲撃」（チリでは「（友人たちの）びっくりパーティー」）が入っている。

3.2. アフリカ諸語

　南北アメリカには300年以上にもわたってアフリカから黒人奴隷が搬入された。さまざまな種族に属する数百万の黒人である。そして彼らは色々なアフリカ語を使いながら、スペイン系アメリカで苛酷な労働に従事した。奴隷搬入の初期には、彼らはアンティル諸島やカリブ海の沿岸部で、その地で激減した先住民に代わって働いたが、その後、南米の内陸部にも移っていった。18世紀後半のアルゼンチンでは、農民の半数が黒人であった。しかしアフリカ諸語が南北アメリカ・スペイン語に与えた影響はわずかであり、それも彼らが大量に住んでいた地域に限られる。

　アフリカ諸語から南北アメリカ・スペイン語に入ったことば（afronegrismo）に banano「（木）バナナ」、bembo, ba「唇の厚い」、guineo「ギネオ（バナナ）」、mambo「マンボ」、marimba「マリンバ」などがある。

　カリブ海域とその周辺の大陸部には何種類かの混成言語（クレオール語）が存在する。代表的なのはキュラソー島（オランダ領）のパピアメント papiamentoである（アフリカ系諸語のほかにオランダ語、ポルトガル語、スペイン語が加わっている）。そしてアフリカ諸語は、このようなクレオー

ル諸語にかなりの影響を与えている。

3.3. ヨーロッパ諸語など

　スペイン系アメリカが独立してから、新たに生まれたいくつかの共和国には、ヨーロッパから大量の移民がやってきた。量的に特に目立つのはアルゼンチンへのイタリア移民である。彼らがもたらしたことばにbacán「パトロン」、pichicato, ta「けちな」、fifi「きざな男」などがある。また、19世紀にはフランスの文化的影響を強く受け、フランス語からかなりのことばが南北アメリカ・スペイン語に入った。casinete「（毛織物の一種の）カシネテ」、galantina「（鶏肉料理の）ガランティン」などである。英語は、最初はフランス語ほど強くはないにしてもイギリスから、そして20世紀に入ってからはアメリカ合衆国から全世界的な規模の影響を受けたので、英語から大量の借用語が入った。chompa「ジャンパー」、guachimán「ガードマン」、parquear「駐車する」などである。

　さらに、各国に、その国の文化的・政治的な事情により、その他のヨーロッパ語が入っている。また、地域によってはヨーロッパ以外の、たとえばアジアからの移民がもたらした中国語系のことばや日系のことばも入っている。

3.4. 問題

　つぎの単語はどのような意味で何語系か、大きめの西和辞書で調べなさい。

| cacao | caimán | coyote | fuete | huracán |
| mico | overol | pulque | sabana | tapioca |

　なお、語源が指定されている西和辞典には小学館の「西和中辞典」がある。西西辞典もある。たとえば以下の辞典を図書館などで調べてみよう。

　　　Real Academia Española, *Diccionario de la lengua española,* Espasa-Calpe.
　　　María Moliner, *Diccionario de uso del español,* Gredos.
　　　Concepción Maldonado González, *Clave. Diccionario de uso del español actual*, Ediciones SM.

4．南北アメリカ・スペイン語の発音

　スペイン語の発音に関する基本的な情報は、本書の付録「発音について」で説明しておいた。音声学や音韻論を学んでいない人は、この課の学習の前に読んでおいてほしい。そして南北アメリカ・スペイン語の代表的な発音とスペインの標準語に近いスペイン北中部の典型的な教養口語の発音を聞き分けられるようにしよう。

4.1. 音声と音素

　言語音を研究するときの基本的な姿勢には、音声の物理的な性格を研究対象にする音声学 fonética と音声の機能的な側面を研究する音韻論 fonología がある。前者の最小単位が音声 sonido であり、後者の最小単位が音素 fonema である。言語音がどれも音声としてとらえられることは、問題なく理解されるだろう。しかし「音素」の概念はしっかり把握しておく必要がある。音声の「機能」とは、意味の違いを表現する働きのことである。「音素」とは、人間が頭のなかで、その働きに従って認知する抽象概念である。なお、音声の記述には [ ] の記号が使用され、音素の記号は / / である。

　音素は常にどれかひとつの特定の音声に対応するわけではない。音素に対応する具体的な発音は異音 alófono と呼ばれるが、通常、音素には複数の異音が対応する。日本語では、無声両唇閉鎖音の音素 /p/ には異音 [p] が対応するし、母音音素 /a/ なら [a]（中舌広円唇母音）も [ə]（中舌半広非円唇母音）も [ʌ]（後舌半広非円唇母音）も異音である。さらに、日本語のハ行の子音の音声には3種類ある。ハヘヒホフは、一般音声学の発音記号で書けばそれぞれ [ha], [he], [çi], [xo], [ɸu] となるが、これら3種類の子音発音は、日本語ではひとつの音素 /h/ に対応する。だから日本語を母語とする話者が日本語として聞けば、[ha] と発音されても [xa] と発音されてもひとつの「ハ」に、[çi] でも [hi] でも [xi] でもひとつの「ヒ」のように聞こえる（発音記号については「付録」の5．「本書が採用している発音記号」の説明を参考にすること）。

4.2. 母音

　南北アメリカ・スペイン語の母音発音については、たとえば子音発音のS音法（第5課）のように南北アメリカのほぼ全体がスペインの標準語との違いをみせるような、広範囲にわたって起こる大きな特徴はない。しかし大なり小なり限られた地方での現象として興味深い特徴は存在する。なお、これらの現象のいくつかはスペインでも方言として、あるいは古語として観察されている。

1）母音音素の体系

　一般的な南北アメリカ・スペイン語の母音体系は、イベリア半島の標準語と同じく、/i/, /e/, /a/, /o/, /u/ という5単位の音素で構成されている。

　母音音素の特性には2種類ある。口の開きの大きさ（開口度）と舌の一番高い点の位置（舌背の位置）である。母音音素はこの2種類の特性に従って以下のように分類される。口を開くと舌が低くなる。

　　　開口度：最大の開口度（低位母音、開母音）→ /a/
　　　　　　　最小の開口度（高位母音、閉母音）→ /i/, /u/
　　　　　　　中間（中位母音、開母音）→ /e/, /o/
　　　舌背の位置：前方（硬口蓋母音、前部系列母音）→ /i/, /e/
　　　　　　　　　後方（軟口蓋母音、後部系列母音）→ /o/, /u/
　　　　　　　　　中間→ /a/

　なお、開口度が音の響きと関連するので、/a/, /e/, /o/ が強母音、/i/, /u/ が弱母音と呼ばれることもある。

　スペイン語の母音音素は上記のように分類できるが、言語によっては第3の特性として唇の形（円いか平らか）が加わる。そうなると前部平唇母音が /e/, /i/、後部円唇母音が /o/, /u/、そして両者を総合した唇の形の母音が /a/ ということになる。

　また、共通日本語の母音音素も /a/, /i/, /u/, /e/, /o/ の5単位である。

2）母音音素の数

　母音音素は、標準発音では5単位であるが、方言的・俗語的な特徴としては3単位である可能性がある。3音素体系（/a/, /i/, /u/）に縮小されているような印象を与えるのは、エクアドルやペルーでスペイン語がケチュア語

やアイマラ語と接触している地域の方言である。とくに先住民系の人たちでスペイン語の習得が不十分である場合によく起こっている。これらの先住民語の母音が3音素体系であるから、その影響を受けているのである。このような地方では [e] と [o] の音声はそれぞれ音素 /i/ と /u/ の異音であるということになる。mesa [mísa]、chicas [čékas]、columpio [kulúmpjo]「ぶらんこ」、justicia [hostísja]「正義、公正」など。

なお、南北アメリカのスペイン語で、とくにカリブ海域周辺のスペイン語だが、内破の位置（閉音節の末部）にある子音 s の発音が消失する傾向にあるので、名詞の複数形の語尾や動詞活用の二人称単数形に特有の語尾 -s の発音が聞き取りにくくなる。そこで（スペイン南部と同じように）直前の母音（とくに e と o）が、s を伴うときには開音になり、結果として母音音素が7種類（a, i, u, それに e と o の開音と閉音）になるという報告も出されたことがあるが、そのような傾向は南北アメリカには存在しないという意見が強くなっている。スペイン語本来の「閉音節の母音の開音化」という現象が部分的に起こっているのかもしれない。

3）母音分立と母音融合

南北アメリカ・スペイン語には、2種類の母音が並ぶとき、母音分立が消失する（2音節が1音節になる）傾向があり、それによって強勢の位置と音色に変化が生じる。それは例えば動詞の活用語尾の -ear と -iar の混同となり（pasear「散歩する」→ [pasjár]、guerrear「戦う」→ [ger̃jár]）、そのための過剰訂正（本来は正しいのに、間違っていると判断して変えてしまう現象）として despreciar「軽蔑する」→ [despreseár]、maliciar「怪しむ」→ [maliseár] なども生まれている。また、強勢の移動（país → [páis]、oído → [ójdo]、ahora → [áu̯ra]、traído → [trájdo] など）によって2音節である2種類の母音の発音が融合して1音節になる（二重母音化）。

4）母音発音の無声化

無強勢母音の発音が極端に弱化して聞こえなくなる現象がある。「落ちやすい母音」と呼ばれたりする。この弱化現象はメキシコの高原部、とくに首都の常用発音でよく観察されている。ほかにも南米の高原部でこの現象が起きている。たとえば antes [ánt's]、pues [p's]、entonces [entóns's]、vamos [bám's]、camisita「かわいいシャツ」[kam'síta]、reses（res「牛」の複数形）[r̃és's]、pesos（peso「（通貨の）ペソ」の複数形）[pés's]、gracias [grás's] だが、母音の弱化は特別な条件のもとで規則的に起こるような現象ではない。強勢母音との前後の位置関係で起こることもなく、特定の接触子音によって条件づけられることにも規則性は低いが、s音と接触するときやsに挟まれる位置で比較的多くなる。しかしsに挟まれる時も、そのsの発音は結果として単一の長音にはならない。

5）音色の変化

弱勢母音（無強勢母音）の音色変化については各地で報告されている。たとえば開音化のi, u → e, o (medicina「薬」→ [medesína]、militar「軍人」→ [melitár]、policía → [polesía]、sepultura「墓」→ [sepoltúra])、逆に閉音化 のe, o → i, u (pedir → [pidír]、vestido → [bistído]、columpio → [kulúmpjo])、あるいは前部系列母音への移行のo → e (oscuro → [eskúro]、oscuridad → [eskuridá]) などがある。

また、強勢母音も、弱勢母音ほどではないが、その音色を変えることがある。前部系列母音への移行の o → e（動詞serのsomos → [sémos]、rótulo「ラベル」→ [rétulo]）や開音化のi → e（mismo → [mésmo]）などである。

なお、これらの現象には歴史的な発音変化のことも考慮する必要がある。たとえば、medecinaやsemosなどはスペインで古語や方言として記録されている。

6）母音の鼻音化

母音が鼻音化する現象はスペイン語圏の各地で観察されているが、とくにアンティル諸島で目立っている。鼻音（子音）との接触によって起こる現象である。同一音節の鼻音の前（panが [pã́ŋ]、lecciónが [lesjṍŋ]）、鼻音の後ろ（mesが [mḗh]、notaが [nṍta]）、鼻音間（niñoが [nĩ́ɲõ]、mono「猿」が [mṍnõ]）などである。鼻音化の度合いが進行すると、鼻音を含む単語の母音すべてが鼻音化したり（San Juanが[sãŋhwã́ŋ]、動詞salir「出かける」のsalíamosが [sãlĩã́mõ]、empezar「始める」が [ẽmpẽsá]）、内破音のnが消失したりしてしまうこともある（tapón「ふた、栓」が[tapṍ]、pelón「髪の薄い男性」が [pelṍ]）。

7）末部母音 /-e, -o/ の閉音化

　語末や文末でこれらの母音が閉音化するのは、スペイン語の発音では一般的な現象である。そのような位置では調音の力が弱くなるので、俗語や田舎語ではよく閉音化が起こる。とくに直前の子音が硬口蓋音である場合によく観察される。leche の [léĉi]、noche の [nóĉi]、ancho の [ánĉu]、gallo の [gáju] などである。

8）母音発音の長音化

　スペイン語母音は強勢がかかったとき、多くの地方で長めに発音されるが、その長音性には音韻論的価値（意味の違いを表現する機能）がなく、表現意図や強調といった文体的な意味を表わすだけである。

9）二重母音の消失

　南北アメリカ・スペイン語の俗語発音では、二重母音の発音が弱まって消えてしまい、単一母音になる。paciencia の [pasénsja]、veinte の [bénte]、veintidós の [bintidós]、treinta の [trénta]、aumentar の [umentár]、Eugenio の [uxénjo] などである。

4.3. 子音

1）子音の音素

　スペインの標準語の子音体系は20の音素で構成されている。南北アメリカ・スペイン語の体系は、スペイン南部やカナリア諸島と同じように歯間摩擦無声音 /θ/ の音素が欠けているため、以下のような19種類の音素でできている。（音素の数については、「付録」の「1．音声と音素」を、発音については「5．本書が採用している発音記号」を参照しなさい。）

　　　閉鎖音音素：6種類（無声の /p/, /t/, /k/、有声の /b/, /d/, /g/）
　　　摩擦音音素：3種類（無声の /f/, /s/, /x/）（スペインではここに
　　　　　　　　　/θ/ が加わる）
　　　鼻音音素：3種類（/m/, /n/, /ɲ/）
　　　流音音素：4種類（側音の /l/, /ʎ/ とはじき音の /r/, /r̄/）

破擦音音素：1種類（無声の /ĉ/）
半母音音素：2種類（前部系列の /y/ ([j] と [i̯]) と後部系列の /w/ ([w] と [u̯])）

2）子音発音の一般的な傾向

　スペイン語の子音の発音は、スペイン系アメリカでもスペインと同じように、多様性が大きい。音韻論的に言えば、さまざまな異音が存在する、ということになる。それらの異音（音素に対応する具体的な発音）には前後の音環境によって自然に起こる一般的な結合異音と、そうではない理由で起こる自由異音がある。さらに、南北アメリカ・スペイン語の発音を問題にするときには、スペインの古語的な発音の様子も考慮しなければならない。

4.4. 問題

1．母音発音が「開・閉」、「強・弱」と呼ばれる理由を述べなさい。
2．スペインの標準語と標準南北アメリカ・スペイン語の音素の違いについて述べなさい。
3．つぎの単語の発音は、どのような言語現象を示すのか、説明しなさい。
　　① ancho [ánĉu]　　　　　④ maliciar [maliseár]
　　② camisita [kam'síta]　　⑤ militar [melitár]
　　③ columpio [kulúmpjo]

母音の発音

　スペイン語の母音は5音素で構成されており、日本語も5音素です。それゆえ、日本の学習者は母音発音に格別の注意を払うことが少ない。しかしスペインでもスペイン系アメリカでも、母音のなかの、とくにuの発音は日本語のウの発音とかなり異なっています。スペイン語のuは、唇を丸めて突き出すようにして発音され、舌の背中は口の奥に引き入れられます。他方、日本語のウは、唇も半開きで力が入っておらず、舌の背中も口の真ん中あたりにあり、かなり弱めに発音されます。スペイン語らしい発音ができるように練習しましょう。

5．S音法

5.1. 文字sの発音
　文字sは音素 /s/ に対応する。その異音は無声の摩擦音である。スペインの北部・中部で話されているカスティリア語には無声歯間音の摩擦音音素 /θ/ があって、それにはce, ciのcやzの文字が対応しているが、この音素が存在しない地方ではこれらの子音も音素 /s/ に対応する。S音法seseoと呼ばれている現象である。S音法はスペイン南部やカナリア諸島、およびスペイン系アメリカの全域で行われている。

　音素 /s/ の異音は、音素 /θ/ が存在するカスティリア語（スペイン北部・中部）では基本的に歯茎音（[ṣ]）であるが、S音法の地帯では基本的に歯音（[s]）である。

5.2. S音法での文字sの発音：全般的な様相
　スペインでは文字sには2種類の発音が対応する。音素 /θ/ が存在する北部・中部ではカスティリア語系の舌尖を歯茎に接近させて調音する摩擦音 [ṣ] があるし、S音法が行われる南部のアンダルシアやカナリア諸島には前部舌背と前歯の裏面で調音する摩擦音 [s] がある。そしてスペイン系アメリカではS音法が行われ、そこではsがスペインの南部と同じく、基本的には前部舌背で調音される。

　南北アメリカ・スペイン語ではその全域でS音法が行われているが、そこでは前記のように文字ce, ciのcやzがsと同じように発音されるので、カスティリア語の発音では明確に区別されている単語が同音で発音され、ときに会話でコミュニケーションの不都合が生じることもある。たとえばsiervo「奴隷」とciervo「鹿」、casaとcaza「狩り」、sumo「最高の」とzumo「ジュース」、coser「縫う」とcocer「煮る」などであるが、日常の基本的な生活用語が同じように発音される不便さを解消するため、南北アメリカでは「煮る」という意味を表現するとき、cocerのかわりにcocinar（スペインの標準語では「料理する」）がよく使われている。また、ciervoの代わりにはvenado、zumoの代わりにはjugoを使うことが多い。

　音素 /s/ の異音であるが、一番広範囲で頻繁に聞かれるのは典型的なア

ンダルシア発音であり、前部舌背を上の前歯の裏側に近づけて発音する凸面舌背歯音である（[s]）。舌の背面がこの位置にあると、舌尖は下の前歯の裏側に位置することになる。つぎに多いのが舌尖歯音である。舌の先を上の前歯の裏側上方に近づけ、その位置で摩擦を起こすことによって調音される発音である。スペイン系アメリカの、北はメキシコから南はアルゼンチンまでのあちらこちらの地方で聞かれる。なお、スペインの北部や中部で聞かれるカスティリア語のsの発音、すなわち舌尖歯茎で調音する摩擦音（[ṣ]）も、コロンビアやペルーをはじめ、いくつかの国の数地点で聞かれる。

5.3. Ｓ音法での文字 s の発音：内破の位置での発音

　南北アメリカ・スペイン語の広い領域で、音節末のs（内破音）の発音が弱まり、気音化したり消失したりする現象が観察されている。この現象は南北アメリカに限らず、スペインの南部やカナリア諸島でも起こっている。moscasが [móhkah]、ustedesが [uhtéðeh] とか [utée] になる現象である。とくにアンティル諸島やカリブ海沿岸部のスペイン語では目立ち、そこでは頻繁に省略される。

　しかしながら内破音のsの発音は、北米のメキシコの高原部、中米、南米のコロンビアやその他のアンデス地方、アルゼンチンの内陸部で、強めの摩擦を伴って維持されている。

5.4. Ｓ音法での文字 s の発音：母音間の発音

　文字sが母音にはさまれるのは、音節の構造では開音節に続く音節の頭部に位置することになるが、そのsにも無声摩擦音のほかにいくつかの発音が聞かれる。たとえば有声化である。中米やコロンビア、エクアドルなどで報告されている（18.3. の3を参照のこと）。

　また、カリブ海域その他で観察されている現象に、母音間のsの気音化がある（nosotros [nohótro(h)]、la sabana [lahaβána] など）。

5.5. Ｃ音法

　文字sの発音が歯音の度合いを強めると、すなわち上の門歯の裏側や上下の門歯の間で摩擦を起こして発音されるとき、その現象はＣ音法ceceoと呼ばれている。Ｓ音法と反対に、文字sの発音がce, ciのcやzとともに、後者

のカスティリア語での発音 [θ] に近い歯擦音になる現象である。このような発音はカリブ海の数地点や中米の各地や南米北部の沿岸部で聞かれる。とくに中米のエルサルバドルやホンジュラスでは頻繁に聞かれ、ニカラグァの大衆層では一般化しており、ベネズエラ沿岸部でもその広がりは小さくない。

5.6. S音法とC音法

1）現在の状況

　南北アメリカ・スペイン語では（スペイン南部と同じように）文字sとce, ciのcやzが1種類の発音に対応している。そしてその発音は、スペイン系アメリカのほぼ全域でsの発音（[s]）と同一だが（S音法）、その一部でce, ciのcやzのスペイン北部・中部での発音（[θ]）に似たものになっている（C音法）、と理解されよう。

　他方、現在のスペイン南部（アンダルシア方言の地方）では、文字sの発音に関して3種類のバリエーションが見られる。ひとつは音素の /s/ と /θ/ を区別している地域であるが、そのような地域と並存するかたちでS音法の地域があり、さらにアンダルシア南西部（カディス県やセビリア県やマラガ県など）がC音法の地帯となっている。つぎに歴史的な事情を紹介しよう。

2）古スペイン語の状況：13世紀頃の古スペイン語には、現代のスペイン語には存在しない音素がいくつかあったが、それらは時とともにほかの音素と混同されたり別の音素に代替されたりした。現代の文字sの発音に関連する音素としては、つぎの3種類の有声音・無声音のペアがあった。

A. 前部硬口蓋摩擦音：baxo「低い」（現代語ではbajo）やlexos「遠くに」（lejos）などの文字xの無声音音素 /š/ とmugier「女性」（mujer）やoreja「耳」の文字gi, jの有声音音素 /ž/ のペアである。無声音 [š] は現代英語のshipのshと同じ発音であり、有声音の [ž] はもともと現代英語のgentleのgと同じ破擦音 [dž] であったが、母音間ではすぐに摩擦音 [ž] になった。

B. 破擦歯音：çerca「近くに」（cerca）やbraço「腕」（brazo）の文字ç（セディジャ）の無声音音素の /ŝ/ とfazer「作る」（hacer）やrazimo「ブドウの房」（racimo）の文字zの有声音音素 /ẑ/ のペアである。無声破擦歯

音に対応する文字はce, ciのcとすべてのçであり、日本語のツの子音部分のように発音され、有声音の場合には文字zに対応し、日本語のヅの子音部分のように発音された。なお、文字çは、もともとスペイン語でzedillaと呼ばれて使われていたが、現在では使用されない（フランス語では現在もcの下につける符号の 、がセディーユと呼ばれている）。

C．舌尖歯茎摩擦音：pensar「考える」のsやpassar「通る」（pasar）の母音間の -ss- の無声音音素 /s/ と、rosa「バラ」やpresión「圧力」の母音間の -s- の有声音音素 /z/ のペアである。すなわち無声音 [ṡ] は語頭にあるsや子音に後続するsに対応し、現代カスティリア語の文字sのように発音され、有声音 [ż] は母音間の -s- に対応していた。それゆえ、oso（「私はあえてする」、動詞osarの活用形）とosso（oso「熊」）は、音韻的にも表記的にも区別されていた。なお、この無声音発音が現在のカスティリア語の文字sの発音になっている。

3）**中世スペイン語の状況**：中世に入るとこれら3種類の音素のペアのうち、有声音のほうが無声になりはじめたので、6種類の音素が3種類に縮約される傾向が生まれた。その音声変化とともに文字の使い分けもあやしくなってきた。

　さらに、スペイン語が新大陸に移植される時期の前後、すなわち15世紀後半から16世紀前半にかけての時期には、上記の2番目のペアである破擦歯音の調音が弛緩していて歯音か歯間音（/θ/）になっていた。

　その時期、スペイン南部では破擦歯音の発音と上記の3番目のペアである舌尖歯茎音の発音とが混同されはじめていた。有声無声の違いは、意識されるときと意識されないときがあった（意識されたとしても、異音のレベルでは /ŝ/ が /s/ と混同され、/ẑ/ が /z/ と混同された）。

4）**近世スペイン語の状況**：16世紀の中頃から始まる黄金世紀（17世紀の中頃まで）には、スペインの北部・中部で上記2番目のペア（破擦歯音）の発音が弛緩して有声音が無声化し、ひとつの発音になっていた。それが歯間音音素 /θ/ であり、現在に続いている。

　他方、スペイン南部では、黄金世紀に入ると、その広い地域で、舌尖歯茎摩擦音（上記3番目のペア）が、かつては破擦音のペア（2番目）であった

調音から変化した歯音や歯間音の摩擦音と混同するという現象が強まった。この現象がスペイン系アメリカでも起こり、これらの調音のうちで（北部・中部で優勢であった）舌尖歯茎音は除外され、歯音か歯間音が残った。いずれの場合にも、有声音が無声化すると、もともと存在した4種類の音素が1種類の音素に縮約されたのである。そして歯音が優勢になった現象が現在ではS音法と呼ばれ、歯間音と混同された現象がC音法と呼ばれている。S音法はC音法ほど低俗視されなかったためにスペインの南部の都会部で広まったが、西南部にはC音法の残っている地域もある。

そして一方、上記の1番目のペアであるが、この前部硬口蓋摩擦音のペアは、まず有声音が無声化して無声音と同一の調音（[š]）になった。しかしそれでは歯茎摩擦音との混同が予想されるので、それを避けるために、16世紀には調音点を口腔の後方に移動させた。すなわち、軟口蓋音化である。17世紀の中頃にはこの軟口蓋発音（[x]）が定着した。そしてこの発音に対応する新たな音素である /x/ は、文字も x から ge, gi の g、および j に移行した（baxo が bajo に、mugier が mujer に、のように）。なお、硬口蓋摩擦音はイベリア半島のカスティリア語以外の諸方言のなかには残っている（スペイン北東部のカタルニア語の地方や北西部のガリシア語の地方には caixa [káįša]（カスティリア語では caja [káxa]「箱、金庫」）という名前が入った有力な銀行がある）。

このような経緯から、南北アメリカ・スペイン語では上記の3系列6種類の音素が2種類になり（/x/ と /s/）、文字 s の発音はほぼ全域で舌背歯音系のS音法に対応しているが、ごく散発的に舌尖歯音（歯間音）系のC音法が残る、ということになった。

5.7. 文字 x について

文字 x に関する注意事項を並べておこう。まず、表記文字と発音記号の両方で使われているので、その違いに注意しなくてはならない。上記のように、表記文字 x は近世初頭まで [š] という無声硬口蓋摩擦音に対応していた。そしてこの発音が無声軟口蓋摩擦音 [x] になると、表記文字も x から ge, gi の g や j に変わった。

現代スペインの標準語では、表記文字 x は2種類の発音に対応している。まず、母音間では [ks] と発音される（examen [eksámen], taxi [táksi]）。そ

して子音の前では [s] と発音されるが、[ks] と発音する人もいる（texto [tésto], [téksto]; explicar [esplikár], [eksplikár]）。他方、メキシコ系（ナワ語系）の単語では [š] と発音されることもある（メキシコ市の観光地 Xochimilco「ソチミルコ」は [soĉimílko] とか [šoĉimílko] と発音される）。

現在、メキシコの国名は、スペインでは Méjico と書かれるが、メキシコでは México と書かれるのが一般的である（発音はどちらも [méxiko]）。メキシコでは文字 x を国名やいくつかの地名で使い続けている。スペインは16世紀にメキシコを征服したとき、その地の先住民メシカを当時の正書法で mexica と表記したが、メキシコは独立したあともこの表記法を維持しているのである。そして古い発音が残っている場合に [š] となる。

また、英語の sherry「（食前酒・食後酒の）シェリー」は、スペイン南部で生産されるアルコール度の強い白ワインのことであるが、この産物が17世紀の中頃にスペインからイギリスに輸出され始めたとき、産地であるヘレス Jerez (de la Frontera) の地名はシェレス Xerez [šerés] であった。英語ではこの製品が地名の発音で呼ばれ、sherry と転記された（[šerés] の語末音 -s は英語の複数語尾のように受け取られて省略された）。他方、古いスペインの固有名詞が文字で英語圏に入ったときには、英語では語頭の文字 x は [z] と発音されることがある。16世紀の中ごろ日本にも伝道に訪れたイエズス会の宣教師ザビエルの名は当時 Francisco Xavier となっていたが、この文字を英語風に発音したためザビエルとなって定着した（当時の発音ならシャビエルに近い）。その後、スペインでは正書法の改正によって、この男子の名前は Javier と書かれ、[xaβjér] と発音されている。

5.8. 問題

1. 文字 s について、スペインの標準発音（カスティリア語）と南北アメリカ・スペイン語の一般的発音との違いを説明しなさい。
2. スペイン語に特徴的な無声軟口蓋摩擦音（[x]）の発生について説明しなさい。
3. メキシコには地名などの固有名詞に文字 x を含んでいるものが目につく。その理由を説明しなさい。

6. Y音化現象など

6.1. Y音化現象

　スペイン語の子音音素のなかで伝統的に流音と呼ばれている4種類の音素は、2種類のはじき音（/r/, /r̄/）（前者は単震音または歯茎はじき音、後者は多震音または歯茎ふるえ音）と2種類の側音（/l/, /ʎ/）に分けられるが（cf. 4.3.の1）、Y音化現象 yeísmoは、そのうちの硬口蓋側音の音素 /ʎ/ の異音（実際の発音）が問題になる。単純にいえば、文字のllの伝統的な有声硬口蓋側音の発音 [ʎ] が変わって文字yの半子音の発音（[j] や [ž]）と同一になる現象である。両方の文字の発音が区別されているときには、pollo「若鶏」とpoyo「石のベンチ」の発音が明瞭に区別されるが、Y音化現象が起こるとその区別がなくなってしまう。動詞活用形のhalla（← hallar「見つける」）とhaya（← 助動詞のhaber）、あるいはcalló（← callar「黙る」）とcayó（← caer「倒れる」）でも同じことである。同一になれば、文字は違っても同じ発音であるから、音素のひとつ（流音音素）が失われる。

1）Y音化現象の広がり

　今日のスペイン語圏では、[ʎ] の発音（文字はll）を維持しているところは少ない。スペインでもY音化現象が大都市から地方へと広がっていて、[ʎ] の発音が標準的である地域はますます少なくなっているし、若い世代になるほどY音化現象が目立ってきている。

　文字llの伝統的な発音 [ʎ] が残されている地域が南米にもある。コロンビアの一部から南方へペルー、エクアドル、ボリビア、パラグァイ、チリやアルゼンチンの一部などである。このような地域ではllの発音とyの発音が区別されている。2種類の文字の発音を区別していても、文字llに対応する発音が伝統的な硬口蓋側音ではなくて有声の硬口蓋摩擦音 [ž] の地域もある。

2）単一発音の種類

　Y音化現象が起こっている地域については、その単一発音の種類が問題になる。

　その発音は後部歯茎か前部硬口蓋に舌面が接近して調音される。発音の幅

は（歯茎後部も含めた）硬口蓋における摩擦の強弱に対応する。摩擦がなければ母音の [i] の発音になるが、摩擦があってそれが最も弱いときには半子音の [j] になり、それが強まると [ž] という雑音的な音になる。また、発音の最初に閉鎖が起こると破擦音 [dž] になる。なお、有声摩擦音 [ž] は、伝統的なわかりやすい名前で（しかし厳密な音声学的な名称とは言いにくい）「うなり音のy」'y rehilada' と呼ばれることもある。

　Y音化現象の単一音としては次の2種類が観察される。
（1）Y音化現象の地域の広い部分では、その単一音は半子音的な軽い摩擦音の [j] である。カリブ海域やその周辺の大陸部などで聞かれる。
（2）単一音の2番目は [ž]。アルゼンチンやウルグァイ、コロンビアの内陸部など。

　なお、アルゼンチンやウルグァイではこの有声硬口蓋摩擦音 [ž] が無声化して [š] になることがある。とくにアルゼンチンでは都会部の女性や中流階級の人の発音で広まり、首都ブエノスアイレスの女性と若者の発音では一般化している。一層広まるであろう。エクアドルの一部でも聞かれる。

3）文字llと文字yの発音の区別

　この2種類の文字に対応する発音が区別されているところでは、3種類の対立が見られる。伝統的区別、llの発音の変化（ll [ž] とy [j]）、yの発音の変化（ll [ʎ] とy [ž]）である。

6.2. 文字rの発音

1）標準的な発音

　スペインの標準語では文字rに関する音素が2種類ある。単震音音素と多震音音素である。単震音音素 /r/ の異音は舌尖と歯茎で出す1回のはじき音で発音され、単語の内部（語中）の文字rに対応する。多震音音素 /r̄/ も同じく舌尖歯茎音で数回のはじき音で発音されるが、これに対応する文字は語頭のrと語中のrrである。

2）歯擦音の異音の [ř] と [ř̥]

　南北アメリカ・スペイン語では、この両音素の異音は一般的にスペインの

標準語と同じような舌尖歯茎音であるが、ある程度広い地域で聞かれる異音に歯擦音化した摩擦音がある。その調音は、舌先がはじくときの力が弱まって起こる一種の弛緩発音であり、歯茎後部での摩擦音となる。おもに多震音に対応する発音であるが（ruedaやricoの場合など）、内破音の単震音音素の異音ともなるし（cartaやversoの場合など）、音節の頭部でrが子音のtやdに後続する二重子音のときにも起こる（teatroやmadreなど）。

3）軟口蓋音の異音

多震音音素に対応する発音が軟口蓋音 [R] になる現象がある。この異音（実際の発音）は舌尖歯茎音の発音の緊張がゆるんで起こるもので、軟口蓋とか口蓋垂で調音されるが、軟口蓋で調音されるときには標準フランス語のrと同じ発音になる。とくにプエルトリコの特徴的な発音とされているが、コロンビアやベネズエラでも散発的に聞かれることがある。そして社会的に低い評価しか与えられていない。スペインでは報告されていない。

4）内破音の単震音 -rの異音

内破音の単震音音素 /r/ は南北アメリカ・スペイン語でさまざまな異音に対応している。
（1）側音化（[-r → -l] の現象]）：この異音は南北アメリカ・スペイン語圏のカリブ海域や太平洋沿岸部などで観察されている。verdad [beldá]、amor [amól] などである（他方、類似の現象に、文字lの発音がrになるものもある。bolsa「袋、バッグ」[bórsa]、salto「飛び跳ねること」[sárto] のような現象である）。
（2）発音の同化：内破音 [-r] の発音の消失現象で、カリブ海沿岸部やカナリア諸島で観察されている。後続子音が重複する。carne [kánne]、cuerno [kwénno] など。
（3）気音化：この現象の広がりは小さく、アンティル諸島で散発的に観察されている。perla [péhla]、farmacia [fahmásja] など。

6.3. 文字chの発音

スペインの標準発音では、文字chは破擦音音素 /ĉ/ に対応し、その異音は硬口蓋の無声破擦音である。この音素は音節頭部にしか現れない。それゆ

え、標準スペイン語には /ĉ/ で終わる単語は存在しない。ただし固有名詞にはLlorachやBlanchなどの表記があるが、そのときの発音は [ĉ] であったり [k] であったりする。

スペインではアンダルシア語の特徴として、この発音が弛緩することがある。すなわち、その調音の最初の閉鎖がゆるみ、後半の摩擦だけになってしまう現象である。南北アメリカ・スペイン語でも、破擦の調音が弛緩すると純粋な摩擦音の [ŝ] になる。カリブ海域でよく聞かれる（15.7. のキューバの発音を聞いて探してみよう）。

6.4. 文字 f の発音

文字 f は、スペインの標準スペイン語では無声唇歯摩擦音音素 /f/ に対応する。その異音は下の唇を上下の前歯ではさむようにして摩擦を起こすことで調音される。文字 f の発音の変種としては、唇歯音 [f]、両唇音 [φ]、気音 [h] がよく観察される異音となっている（afueraなら [afwéra], [aφwéra], [ahwéra]）。

6.5. 文字 b, d, g の発音

これらの文字は有声閉鎖音音素 /b/, /d/, /g/ に対応する。そのスペインの標準発音での異音には2種類ある。閉鎖音と摩擦音である。頻度は摩擦音のほうが多いが、音素としては有声閉鎖音と呼ばれる。スペインの標準発音における異音のことを復習しておこう。

1）音素 /b/, /d/, /g/ の発音の弱化と強化

これらの3音素の異音は、スペインの標準発音では特定の音環境によって閉鎖音 [b], [d], [g] になるときと摩擦音 [β], [ð], [γ] になるときがある。その調音が弱化するということは、まず閉鎖音発音が摩擦音になること、そして強化するということは摩擦音発音が閉鎖音になることを意味する。南北アメリカ・スペイン語では両者に音環境の規則性がないので、どの地方にしても一般的な傾向が見つけにくい。しかし全体では弱化の傾向が強い。

2）歯音音素 /d/ の異音

この音素の異音には「閉鎖音－摩擦音－かすかな摩擦音－消失」という段

階が想起されるが、そのうち「かすかな摩擦音」が大多数の調音となっている。そして一般的に、母音間の位置にある場合には極端な弱化が起こっている。-ado に代わる発音の [-áo] は、スペインでは許容されている俗語発音であるが、すくなくともメキシコとアルゼンチンでは低俗すぎると受け取られていて、それらの地方の標準発音ではd（[d] か [ð]）の省略が避けられる。

3）両唇音音素 /b/ の異音
　この音素の調音も母音間で弱化するが、摩擦音の弱化が一層進むと、聴覚的には半子音 [w] であるような印象を与える（caballo [kawájo] など）。

4）軟口蓋閉鎖音音素 /g/ の異音
　この有声軟口蓋音音素の異音で興味深いのはチリでの発音である。一般的にチリではこの異音が前部系列母音（e, i）の前に位置するとき、有声の中部硬口蓋摩擦音（ほぼ半子音の [j]）になる（guerraが [jéra]、siguienteが [sijénte] のようになる現象）。

5）無声閉鎖音音素 /p/, /t/, /k/ の異音の有声音化現象
　これらは上記1）の3種類の有声閉鎖音音素の対になっている、おなじく3種類の無声閉鎖音音素である。スペイン系アメリカでも一般的に無声音の異音に対応するが、あちらこちらで有声化の現象が観察されている（campanaが [kambána] に、antesが [ándes] になる現象）。

6.6. 軟口蓋摩擦音の発音
　スペインの標準発音では、文字jやge, giの子音gは無声軟口蓋摩擦音音素 /x/ に対応する。そしてその異音 [x] は軟口蓋での強い摩擦によって調音される。一般的に聞かれる異音は上記の無声軟口蓋摩擦音 [x] と、声門や咽頭で調音される気音 [h] である。前者はスペインの北部や中部の諸方言で聞かれる標準発音であるし、後者はスペイン南部やカナリア諸島で聞かれる一般的な発音であるが、南北アメリカ・スペイン語の広い地域で一般的に聞かれる調音でもある。
　南北アメリカ・スペイン語におけるその調音には、柔らかな軟口蓋摩擦音・咽頭摩擦音・声門摩擦音がある。また、前部系列母音（e, i）の前では

硬口蓋音化することがある。代表的な発音は、スペイン北中部の標準発音よりも弱い摩擦で調音される軟口蓋音と声門や咽頭での軽い摩擦で調音される気音であるが、この２種類の発音は地方ごとにどちらかの傾向が強いものの、スペイン系アメリカの各地で並存している。

　チリやウルグァイでは無声軟口蓋摩擦音音素の異音が硬口蓋摩擦音になる。母音 /e/, /i/ の前に位置する文字 g と j の調音は、スペインのカスティリア地方の軟口蓋音 [x] にもスペイン南部の咽頭気音 [h] にも一致せず、無声中部硬口蓋摩擦音 [ç] で発音され、その後ろに一種の半子音 [j] を生み出すことが多いので、jefe「上司」は [çéfe] とか [çjéfe] と、jinete「騎手」は [çinéte] と発音されることになる。しかし文字 j は母音 /a/, /o/, /u/ の前にあるとき（jaque, jota, justo など）には、柔らかい軟口蓋摩擦の [x] か気音 [h] に対応する。

6.7. 問題

1. スペインの標準語における文字 b, d, g の発音について簡単に説明しなさい。
2. スペイン語の文字 f の発音の多様性を、日本語のハ行の子音の発音と比べなさい。4.1.の説明を参照のこと。
3. つぎの発音はどのような現象を示しているのか、説明しなさい。

1) familia [hamílja]、2) llamar [jamár]、3) caballo [kaájo]、4) mayor [mašór]、5) muchacho [mušášo]、6) querer [kerél]、7) parque [páʀke]。

---

rとlの発音

　私たちにはスペイン語のrの２種類の発音とlの発音の区別に苦労します。lは舌の先を口の上側につけたまま発音しますが、rは１度のはじき音です。この音を出すには、まず、rをすべて、何度もはじく多震音 [r̄] で発音するようにしましょう。それができるようになれば、１度はじく発音 [r] も調音しやすくなります。

7．ボス法など

7.1. 主語になる人称代名詞

1）主格人称代名詞の歴史

　人称代名詞の主格形（その多くは前置詞格形でもある）は、今日のスペインの標準語では単数形でyo-tú-él・ella・usted・ello、複数形でnosotros(tras) – vosotros(tras) – ellos・ellas・ustedesのようになっている。

　しかし中世スペイン語では違っていた。それぞれyo-tú-él・ellaとnos-vos-ellos・ellasであった。中世の終わるころ（15世紀末）には、一人称と二人称の単数形には、yoとtúのほかに、つぎのような語形や用法があった。一人称複数のnosを話し手の権威を表現するために一人称単数（話し手自身）を指すのにも使用した。その頃には、待遇表現では特別な意味の対象とならない（すなわち無標の）一人称複数（複数の話し手）を指すのに、そのnosにotros「その他の人びと」を加えたnosotrosを使用する方式が固まってきていた。vosとvosotrosも話し相手への尊称として、中世末ごろには同じような使い分けがなされていた。すなわち、尊称で扱うべき単数の話し相手に（本来は二人称複数形の）vosを使い、待遇表現では中性（無標）である実際の複数の話し相手（二人称複数）にはvosotrosを使うようになっていた。そもそもtúとvosは、単に話し相手の単数・複数を表示していた段階から単数の相手に対する親称・尊称の対立をも表現するようになると、vosは二重の意味を表現することになる。14世紀にvosotrosという語形が現れるまでは、無標の二人称複数形であると同時に尊称の二人称単数でもあったのである。しかし尊称のvosは、15世紀になると、話し相手（二人称単数）への尊称の待遇表現として姿を現わしてきたvuestra señoríaとかvuestra merced（三人称単数形）（後者はその後、頻繁に使用されてvuesarced, vuesançed, voacé, vucé, vuced, vusted, ustedと変化）と共存するようになるが、そうするとvosは権威の低い相手への尊称として使われることになり、しだいに尊称という意味を失ってゆく。そしてtúとvosがどちらも、社会的に下位の話し相手に対して使われる待遇表現になる。スペインでは17世紀になると、vosは古語として意識され、親称としても使われなくなって

いく。単数の話し相手への親称としてはtúが使われ、複数の話し相手に対しては尊称としてustedes、親称としてvosotrosが使われる。この頃には上記の現代スペインの標準語の代名詞体系になっていた。

2）ustedesの用法

　スペイン系アメリカの全域にわたる特徴的現象のひとつに（そしておそらく南北アメリカ・スペイン語の話者全員に共通する唯一の文法的特徴として）、二人称複数形vosotrosの不在がある。vosotrosはスペインの標準語では二人称複数の話し相手を指す親称の待遇表現であるが、南北アメリカではこの意味での待遇表現としてustedesが使われる。それゆえustedesが親称でも尊称でも複数の話し相手を指すことになる。そしてつねに三人称複数の動詞活用形を伴う。

3）ustedの特別用法

　スペインでは日頃からtúで呼び合っている話し相手に対して、特別なニュアンスを含めてustedで話しかけることがある。たとえば、母親が子供のわがままを叱るときなどである。しかし中米から南米北部にかけて、親称としてustedを使用する地域がある。スペインでのような特別な意味合いを表現するためでなく、単なる一般的な待遇表現として使用するのである。ustedeoウステ法と呼ばれる。親称としてtúのかわりにustedを使うこの現象は、ベネズエラとコロンビアのアンデス地域の特徴になっている。

7.2. ボス法

　ボス法voseoは、スペイン系アメリカの全域で使用されている用法ではないが、南北アメリカ・スペイン語を特徴づける統語上の用法を代表するものとなっている。それは親称の単数の話し相手を指す人称代名詞のひとつであるvosの用法である。いわゆる親称の、ときとして蔑称の待遇表現であり、その使い分けは高度に社会的な性格を帯びている。主格人称代名詞vosはスペイン語がラテン語から継承し、中世から近世にかけて使い続けてきたが、イベリア半島ではもう使われていない。しかし南北アメリカ・スペイン語ではその一部で現在でも使われている。

　ボス法が行われている地域でも、人々はvosと同時にustedやtúも使って

いる。一般的に、自分よりも社会的に地位が高い人にはustedを使い、配偶者や兄弟にはtúを使い、親しい友だちや自分よりも社会的に地位が低い相手にはvosを使うところがある。

1）解説
　現代世界のスペイン語で単数の話し相手を指す人称代名詞には、主格としてtú, usted, vosがある。スペインでは、単数の話し相手を指す親称の人称代名詞はtúであるが、これは南北アメリカでも広く使われている。この代名詞を使う現象は便宜上、tuteo（トゥ法、親称法）と呼ばれる。そして南北アメリカにはtúのかわりにvosを使う地域がある。しかし敬語としての単数の相手への尊称なら、スペインでもアメリカでもustedが使われる。他方、複数の話し相手の場合、スペインでは親称でvosotros、尊称でustedesが使われるが、南北アメリカではvosotrosが消えて、ボス法の地帯でもトゥ法の地帯でも、親称と尊称の区別なくustedesが使用される。また、南北アメリカ・スペイン語ではvosの系統の補語osや所有詞vuestroも消えてしまった。
　それゆえ、現代スペイン語の人称代名詞による待遇表現を理解するためには、要約すれば3種類の言語様態を区別しなくてはならない。スペインの標準語（トゥ法）、南北アメリカの広い領域で行われているトゥ法の地帯、南北アメリカのボス法の地帯である。待遇では親称と尊称の区別があるし、それぞれに単数の相手と複数の相手とで使い方を区別する必要がある。つぎのように仕分けて理解しよう。

2）二人称の代名詞

（1）尊称の場合
　　主格代名詞　　　　　単数　　usted
　　　　　　　　　　　　複数　　ustedes
　　その他の代名詞（目的格、前置詞格、所有格）
　　　　　　単数　　lo, la, le　　usted　　su, suyo
　　　　　　複数　　los, las, les　ustedes　su, suyo

（2）親称の場合
　　主格代名詞

	スペイン	アメリカ（トゥ法）	アメリカ（ボス法）
単数	tú	tú	vos
複数	vosotros	ustedes	ustedes

　　その他の代名詞（目的格、前置詞格、所有格）

スペイン

単数	te	ti	tu, tuyo
複数	os	vosotros	vuestro

　　　アメリカ（トゥ法）　　　　　　　アメリカ（ボス法）

単数	te	ti	tu, tuyo	te	vos	tu, tuyo
複数	los, las, les		ustedes	su, suyo		

スペイン（標準語）

　Tú comes.　Tú te levantas.　A ti te llaman.　Éste es tu cuaderno.
　Vosotros coméis.　Vosotros os levantáis.　A vosotros os llaman.
　Éste es vuestro.

アメリカ（トゥ法）

　Tú comes.　Tú te levantas.　A ti te llaman.　Éste es tu cuaderno.
　Ustedes comen.　Ustedes se levantan.　A ustedes los llaman.
　Éste es suyo.

アメリカ（ボス法）

　Vos comés.　Vos te levantás.　A vos te llaman.　Éste es tu cuaderno.
　Ustedes comen.　Ustedes se levantan.　A ustedes los llaman.
　Éste es suyo.

3）ボス法の地域

　スペイン系アメリカのボス法の地帯については、2種類を区別するほうがよい。ひとつは国全体がボス法を使用し、それが社会的に標準用法として認められている地域であり、パナマ以外の中米地域、ラプラタ地方、エクアドルなどである。もうひとつは、国の優勢な待遇表現ではトゥ法の地域である

が一部でボス法が実施されている地域であり、中米のパナマ、カリブ海域、チリなどである。

　パナマ以外の中米とアルゼンチンのボス法は安定している（cf. 24.4.）。しかしボリビアとエクアドルでは不安定である。ウルグァイとパラグァイのボス法はやや弱まり、トゥ法に取って代わられつつある。また、ウルグァイなどにはトゥ法とボス法を混用しつつ、túを親密な相手、vosを信頼している相手に、というように使い分ける用法がある。チリのボス法については、かつて教育によって駆逐しようとする時代もあったが、その他のボス法地帯とは違った過程をへて、親称として復活してきているという見方もある。

4）ボス法の動詞活用形

　一般的には、vosに伴う動詞は二人称複数形である。例としてcantar「歌う」を見てみよう。直説法現在の二人称複数形は、ラテン語ではcantatisであって、スペイン語にもともと与えられた形はcantadesであった（スペイン語の一番古い語形）。この活用語尾は２種類の方法で短縮した。（書きことばのcantáisの）-aisと、（一般的に使われていて、cantáisからではなく、古スペイン語から直接発展したcantásの）-ásである。標準的なボス法で使用されている語形はこの後者とその関連形である（vos cantás; vos comés; vos vivís）。

　しかしながらスペイン系アメリカのボス法の動詞は、二人称単数の活用形と二人称複数の活用形が複雑に使い分けられ、奇妙な組み合わせも生まれている。第１音節に強勢のあるtú te llamasのかわりにtú te llamásやvos te llamasなどに出会うことになる。肯定命令形はvosotrosに対応するcantad, comed, vividの語末の -dが落ちて、cantá, comé, viviが使われる。結果として、sentate（スペインのsiéntate）、callate（スペインのcállate）などと言われている。また接続法現在では、cantes, comas, vivas（それにquieras, muevasなど）が一般的であるが、これらの活用形はどうみても二人称単数のtúに対応するものである（しかしvos amés; vos comás; vos vivásの語形を使う地域もある）。

　-ar, -erの活用語尾の動詞ではvos cantái(s), vos coméi(s) という語形をとる地域（チリなど）があるし、-erの動詞と -irの動詞が活用語尾を同じくしてvos comís, vos vivísとなっているところもある。

5）ボス法の3種類の組み合わせ

　ボス法にはその代名詞と動詞活用形の組み合わせから、つぎのような種類が区別できる（詳しくは24.4. を参照のこと）。

A．典型的なボス法：代名詞vos + 独特の二人称複数形。Vos cantás. Vos comés. Vos vivís.

B．代名詞のボス法：代名詞vos + 二人称単数形。Vos cantas. Vos comes. Vos vives.

C．動詞活用形のボス法：代名詞tú + Aの動詞活用形。Tú cantás. Tú comés. Tú vivís.

7.3. 待遇表現のsu merced

　ボス法とは関係ないが、ustedのもともとの形式vuestra mercedに似た待遇表現に、su mercedがある。人称代名詞の一種であるsu mercedは、vuestra mercedとともにスペインの中世末期から使われ始めた。都会ではvuestra mercedが話し相手（単数）に対する尊称の敬語として使われ、それが17世紀末ごろからustedになって南北アメリカにも伝わった。他方、su mercedは16世紀以降、スペインでもアメリカ植民地でも、非都会部における尊称の敬語として使われ続けたが（19世紀のアンダルシアでは盛んに使われ）、20世紀になるとスペインでは使われなくなった。スペイン系アメリカでも20世紀の前半まではいくつかの地域で使われていたが、今日ではコロンビアのアンデス地方東部（首都のBogotáを含む）でしか使われていない。

7.4. 問題

　つぎの文は、標準的なボス法の地域ではどのように表現されるだろうか。

1) Quédate aquí.
2) Tú te lo dices a ti mismo.
3) Vosotros leéis los libros.

8．その他の代名詞

8.1. 三人称の代名詞

１）レ代用法

　スペイン語では基本的に、人称代名詞三人称の補語として、対格（直接補語、直接目的語）では男性・女性の単数・複数のlo, la, los, las（中性形のlo）が、与格（間接補語、間接目的語）では単数・複数のle, lesが使われている。これらの語形は語源に忠実に対応している。すなわち、ラテン語の指示代名詞illeの男性対格単数形illum ＞ lo, 女性対格単数形illam ＞ la, 男性対格複数形illos ＞ los, 女性対格複数形illas ＞ las, 単数対格中性形illud ＞ lo, 与格単数形 illi ＞ le, 与格複数形illis ＞ lesの対応である。これらの語形では、対格・与格の弁別には問題ないが、性の弁別では不十分である。与格では男性・女性の区別がないし、語形loは男性・中性の区別がない。また、いずれも人間と人間以外のものが代名詞になると区別できない。

　しかし現代スペインの標準語では、指示対象が人間の男性のとき、その対象の対格としてlo, losのかわりにle, lesを使うことが一般的になっている。レ代用法leísmoと呼ばれている現象である。

　スペインでは古くから、この代名詞体系の格（対格・直接目的語、与格・間接目的語）の弁別を犠牲にして文法上の性（男性・女性・中性）の弁別を補強する用例が存在していた。頻度の高い用例は、指示対象が中性のものではなくて人間の男性である場合に、その男性単数対格として（loの代わりに）leを使用するものである。これは同じ単数対格でも人間（男性）の場合にはleを使って中性のloと指示対象を区別する方法である（男性単数の事物を指す場合もloである）。16世紀になるとスペイン北部・中部の作家たちが盛んにレ代用法を使っている（複数の対格にはそれほど使っていない）。しかしこのleの対格としての用法は南部に波及しなかった。

　18世紀にはスペインの北部・中部でレ代用法が圧倒的であったので、スペインの王立アカデミアは単数の男性対格の代名詞はleであると宣言したことがある。それは撤回されたが、現在でもレ代用法が許容されている。そして現代スペインの方言では事物の男性対格補語を指しているときにもレ代

用法の現象が起こっている。

　今日、スペイン系アメリカの大部分には、スペインの北部・中部と違って、そしてスペイン南部（アンダルシア方言）と同じように、レ代用法が存在しない。ごく少数の例外はあるものの、一般的には人称代名詞三人称単数の対格には lo, la が、与格には le が、語源に忠実に使用されている。例外としてのレ代用法は公的な挨拶や質問の決まり文句に見られるが、そこにはスペインの影響も考えられる。ひとりの男性に対して伝統的な手紙の表現である Le saluda atentamente.「敬具」や、男性ひとりの客に対する ¿Le puedo ayudar en algo?「なにか、お手伝いしましょうか」など。

2）le, les の中和現象

　le, les の例外的用法がある。それはエクアドルのスペイン語についてであるが、与格と対格（男性・女性）に le, les が使われる（le encontré acostada.「私には彼女が横になっているのが見えた」など）。その場合、対格補語でも指示物の男性形と女性形が区別できない。

3）lo の特別用法

　アンデス地域には lo が性にも数にもかかわりなく対格補語として使用されるという現象が見られる。しかしこの現象はほとんどの場合、直接補語の名詞を予告する重複用法の構文で起こっている。Me *lo* vas a traer *mi chaqueta*.「私の上着を持ってきてくれよ」、*Lo* quiere mucho *a su madre*.「彼は母親をとても愛している」、Debías haber*lo* saludado *a mis dos compañeros*.「君は私の二人の連れに挨拶しておくべきだった」などのようにである。

4）le の数の中和現象

　スペインでは中世や黄金世紀に le が複数の与格として（les のかわりに）使われたが、今日でも話しことばで普通に使われている（たとえば da*le* un abrazo a *tus padres*.「ご両親によろしく！」）。この現象はスペインと同じく、スペイン系アメリカでもほぼその全土で、教養のある階層の人たちをも含めて大きな広がりを見せている。とくに同一文中で間接補語への再度の言及があることを予告するとき（重複用法）に現れやすい（たとえば *le* cambiaba el alpiste *a los canarios*.「彼はカナリアに餌を換えてやっていた」)。あるいは *Le* llevé la carta *a los representantes*.「私は代表者たちにその手紙を持っていった」のようにである。

5) 三人称代名詞の与格と対格の交差現象

　スペインの標準語では三人称の与格と対格の補語代名詞が同一文中に現れるとき、与格のle, lesはseになって対格補語（lo, la, los, las）に続く。たとえばJuan compró un libro a María.「ホアンはマリアに本を1冊買ってやった」の対格と与格の名詞を代名詞にするとSe lo compró. になる。与格と対格の組み合わせがse lo, se laの場合、与格のseがlesのかわりをしているときにも語形がseのままでその複数性が表現できない。そこでスペイン系アメリカではloやlaに -sが付加されることが頻繁に起こる。単数対格をlos, lasにすることで与格の複数性を表現しようとする工夫である。たとえばEso pasó como *se los* digo a ustedes.「そのことはあなた方に申し上げているように起こりました」のようにである。問題の対格補語の使用は、今日、アンティル諸島、コロンビア、メキシコ、パナマ、ペルー沿岸部、チリなどで一般的な現象になっている。

6) 三人称の再帰代名詞

　再帰動詞のustedesに対する肯定命令の表現では、接続法現在の三人称複数の活用形の語末に再帰代名詞seが付加される。しかし今日のスペインでは大衆のあいだで、活用形の語尾 -nが語末に移動する現象が見られる。たとえばsiéntense.「あなた方、お座りください」がsiéntesenになったり、díganme.「あなた方、おっしゃってください」がdígamen. になったりする。この現象がスペイン系アメリカの広い地域にわたって俗語表現として観察されている。上記のsiéntesenのほかにsiéntensenのように、活用形の語尾 -nが語末に移動するのではなく、語末にコピーされるような用法もある。ほかにも demen (= denme「あなた方、私にください」)、súbasenまたはsúbansen (= súbanse「あなた方、乗ってください」) など。低社会層と関連づけられるものの、アンティル諸島やコロンビアの内陸部、アルゼンチンでも観察されている。

　また、再帰代名詞の三人称前置詞格のsíにもスペインの標準語と異なる用

法が広く観察されている。スペインでは、この再帰代名詞síは主語が三人称の文のなかで主語と同一のものを指示しつつ前置詞とともに使われる。たとえば「彼女は自分のためにそれをほしがっている」なら、ella lo quiere para síとなる。しかしスペイン系アメリカでは、ella lo quiere para ellaのように、この代名詞が再帰形でなくて単なる前置詞格の代名詞である現象が広く観察されている。

8.2. 所有詞

　スペインの標準語には所有詞に語形の異なる2種類の系列がある。名詞の前に置かれる前置型（mi, tu, su, nuestro(tra), vuestro(tra), suとそれぞれに-sをともなう複数形）の語形と、名詞の後ろに置かれる後置型（mio, tuyo, suyo, nuestro, vuestro, suyoとそれぞれの語尾が-aになる女性形、-os, -asになる複数形）の語形である。また、人称代名詞によって所有を表すには、前置詞deに前置詞格の代名詞（mí, ti, él, ella, usted, ello; nosotros(tras), vosotros(tras), ellos, ellas, ustedes）という組み合わせを使うこともできる。

1）二人称複数の所有詞

　ボス法のところ（第7課）で紹介したように、スペイン系アメリカには古い形の代名詞vosが残っているが、それにもかかわらず所有詞のvuestro(s), vuestra(s) という形が消失した。この消失現象は主格vosotrosの不在と関連しているかもしれないが、それはvosの存続と足並みを揃えてはいない。（同様にvosotrosの系列の対格・与格の補語であるosも消えてしまっている。）

2）su, suyoの用法

　スペインの標準語では三人称の所有詞であるsu(s), suyo(s) は三人称の所有者に言及される。そして（待遇的には二人称である）尊称の話し相手（単数usted、複数ustedes）をもカバーしており、親称の複数の話し相手（文法的にも待遇的にも二人称複数）が所有者であるときにはvuestro (a, os, as) が使われる。他方、南北アメリカ・スペイン語では親称でも尊称でも複数の話し相手をustedesで扱うので、体系に従えば親称の相手でも尊称の相手でもその人たちが所有者であるときにはsu(s), suyo(s) で表示される。すなわち、

スペインではsu, suyoが三人称の指示物の男性・女性の単数・複数、および尊称の話し相手（待遇的には二人称）の単数・複数に対応するが（意味的には6種類の名詞的概念）、南北アメリカ・スペイン語では、対応する相手として、さらに、親称の複数の話し相手（待遇的には二人称の複数）も含まれることになる（7種類の名詞的概念）。指示する対象が多くて、紛らわしい事例も出てくるであろう。スペインではsu, suyoを使うとき、文脈にそれらが指示する相手が2種類いたりしてまぎらわしいときにはde ellaとかde ustedesなどの語形を追加して誤解を避けようとするか（su libro de ustedなど）、定冠詞とde ellaなどの語句で表現する（el libro de ellaなど）。

しかし南北アメリカ・スペイン語では、限られた対話の場面においてではあるが、所有詞su, suyoを単数の話し相手の尊称に限定し、すなわちde usted「あなたの」の意味の場合にだけ使用し、その他の三人称のものを指すときや複数の話し相手を指すときには前置詞のdeと前置詞格の代名詞を使用する傾向がある。その場合、¿Juan estuvo ayer en su casa?は「ホアンは昨日あなたの家にいましたか」の意味になり、その他の三人称の所有者を指すにはla casa de él, la casa de ella, la casa de ustedesなどの形が採用される。また、¿Este sombrero es suyo?は「この帽子はあなたのですか」の意味に限定され、その他の所有者に言及するにはes de Juan, es de élなどの形が使われることがある。

3）所有詞の前置形と後置形

所有詞が複数形の名詞で指されるもののうちのひとつを修飾するとき、スペインの標準語ではたいてい名詞＋所有詞の語順（un amigo mío「私の（ひとりの）友だち」など）になり、当然のことながら後置型の語形が使われる（唯一の存在物を指すときには所有詞が前置されて、mi padreのようになる）。しかし呼びかけ（呼格）の場合、南北アメリカ・スペイン語では一般的に前置形の所有詞＋名詞の語順（mi jefeなど）になる。それゆえ待遇表現では、たとえば恋人や夫婦のあいだで相手を指す呼称のひとつとして、スペインではamor míoが使われ、スペイン系アメリカではmi amorが使われる。

待遇表現でこのように所有詞を前置する習慣は、スペインでは古い時代には存在したが、今日では失われている。現在では軍隊にのみ残る古語的な用

法となっている。しかしスペイン系アメリカでは愛情表現の呼格において異常なまでの高頻度で使用されている。恋人や夫婦のあいだでは上記のmi amorのほかにmi vida, mi corazón, mi cielo, mi encanto, mi negraなどが使われるし、友人のあいだではmi hermano, mi amigoなどが、子が親を呼ぶにはmi viejo, mi viejaが、親が子を呼ぶにはmi hijo, mi hijitaなどが、使用人からその雇い主にはmi doña, mi niña, mi amitoなどがある。ほかにもmi señor, mi profesorなどが聞かれる。話し相手を唯一の存在として扱う意識が強いのであろう。

4）前置詞格代名詞と所有詞後置形

スペイン系アメリカのあちらこちらで、人称代名詞が前置詞とともに副詞の後ろで使用される語連結において、前置詞＋代名詞のかわりに後置型の所有詞が使用されるという現象が起きている。たとえばcerca de mí「私の近くに」がcerca míoに、atrás de ti「君の後ろに」がatrás tuyoに、delante de usted「あなたの前に」がdelante suyo、encima de nosotros「私たちの頭上に」がencima nuestroになる。とくにアルゼンチンではこの用法が規範的に使用されている。

8.3. 問題

つぎの文は、スペイン系アメリカではどのような言い方になる可能性があるだろうか。

1) Dales a tus alumnos recuerdos míos.
2) Juan lo llevó consigo.
3) Ayer le visité a vuestro abuelo.
4) Juan tiene una casa. Su casa es más grande que la mía.

9. 名詞

9.1. 名詞の性

1) 名詞の性の揺れ

　スペイン系アメリカでは、スペインの標準語と比べると、名詞の性の扱いに特異な現象が見られる。男性形にも女性形にも扱われるel / la calor「熱」、el / la costumbre「習慣」、el / la azúcar「砂糖」、el / la hacha「斧」、el / la puente「橋」、el / la clima「気候」などがある。

　上記のcalorについては、中世では語尾 -orの名詞はほとんど女性形として扱われていたことを忘れてはならない。今日のスペインでは男性形扱いが標準的である（例外的にlabor, florは女性形）。またスペインでは、costumbreは女性形扱いが普通である。そしてazúcarはスペインでも男性形・女性形の両方で使われるが、定冠詞としてはelが多く、定冠詞と形容詞が付けばel azúcar morenaのような組み合わせになる。

　スペインではradioは性別で異なった語義を表現しているが（la radio「（受信機の）ラジオ」、el radio「半径」）、スペイン系アメリカでは「ラジオ」がel radioであったりla radioであったりする（しかしコロンビアなどではel radioが「受信機」を、la radioが「ラジオ局」を意味する）。スペインでは男性形扱いが標準的なclimaは、el climaとなったりla climaとなったりするし、「パジャマ」もel piyama, la piyamaとなる（「パジャマ」はスペインでは文字のyがjであって、男性形扱いのpijamaである）。

　名詞puenteは、スペインではかつて女性形la puenteであったが、現代の標準語では男性形el puenteであり、一部の方言に女性形の使い方が残っている。

　el / la hachaはel / la hambre「空腹」などと同じく歴史的な原因で性の決定に揺れがあるのかもしれない。単数の女性名詞につく定冠詞は、ラテン語の女性単数の指示詞illaから発展してきているが、これが古スペイン語ではelaとなり、母音で始まる女性名詞につくときにはelという語形で、子音で始まる女性名詞につくときにはlaという語形で使われた。そして時の経過とともに両者が混用され、中世末期にはel espadaとla espada「剣、刀」が共存することになった。しかし古典期（黄金世紀）にはlaが女性形を特

徴づける語形であるという意識が強くなり、現代スペインの標準語のように、強勢をともなうa-, ha- で始まる女性名詞にだけelが残ることになった。この過程の影響があるのかもしれない。

2）性別による違い
（1）地理的相違：国のなかでも地方によってどちらかの性が優勢になっていることがある。たとえば南米のコロンビアで使われるazúcarであるが、この国の沿岸部では基本的に女性形で使用され、内陸部や高地のアンデス地方では男性形が優勢である。
（2）意味的相違：男性形でひとつの意味を表現し、女性形で別の意味を表現しているケースもある。たとえば名詞のchincheは、スペインでは男性形・女性形の両性で使われ、語義には「ナンキンムシ」や「画鋲」がある。この両性性と両義性はスペイン系アメリカでも同様であるが、「画鋲」が男性形であることが多い。そしてチリではel chinche「画鋲」、la chinche「ナンキンムシ」という使い分けが教養語のレベルで観察されている。

3）名詞化した過去分詞
　動詞の過去分詞から派生した名詞の性であるが、今日のスペインの標準語では女性形が使われているのに、古典期（16-17世紀）では男性形が使われていた。スペイン系アメリカでは今日でもスペインの古典期と同様に男性形が使われている。スペインではla vuelta「（勘定の）おつり」、la llamada「呼び出し、電話」だが、南北アメリカ・スペイン語では広い地域でel vuelto, el llamadoがそれらの同義語として使われている（ペルーなどではel llamado「呼び出し」、la llamada「電話」のような使い分けがある）。

4）性にかかわる派生現象
　名詞のなかには、その語形を見ても、指示されている人間が男性なのか女性なのかが判別できないものがある。その場合、スペインではその語尾を女性形独特の形にしたり（huésped「宿泊客」> huéspeda、comediante「喜劇俳優」> comedianta）、あるいは語尾が -aの名詞には男性形独特の -oの語形を作ったりしている（modista「婦人服デザイナー」> modistoなど）。スペイン系アメリカでも同様の語形を作っている。たとえば、珍しい女性形の

la abogada「女性の弁護士」、la médica「女医」、la gerenta「女性の支配人」、la tigra「雌虎」（あるいは「雌のジャガー」）があるし、hipócrita「偽善者」> hipócrito, feroz「どう猛な」> feroza, sujeto「あいつ」> sujetaなどもある。

　南北アメリカ・スペイン語では、逆に、スペインの標準語では女性形しかない名詞（両性通用語sustantivo epiceno）から男性形を作る現象も広い範囲で観察されている。たとえばcabra「山羊」> cabro, oveja「羊」> ovejoである。スペインではこれらの動物の性別を表現するとき、「ヤギ」なら両性通用語の一般的な雌雄の区別方法に従って、雌はla cabra hembra、雄はla cabra macho（あるいはel cabrón、el macho cabrío）の言い方で示されるし、「ヒツジ」なら雌がoveja、雄がcarneroのように区別する。

9.2. 名詞の数

　内破の位置にある子音sが気音になったり消失したりする傾向のある地域では、複数形の語末の -sの発音が弱まることで複数形の形態素が指示されず、単数形と同じ語形で発話されている。そこで、発音でも複数性を指示する工夫がなされ、母音で終わる単語の複数形語尾として -s, -es, -sesが並存している（papá「お父さん」はpapás, papaes, papases）。母音で終わる単語の複数形の語尾を –esにすれば [-e] が残るし（[papáe]）、-sesにする場合なら発音で内破音が落ちても、[papáse] となってsの音が残り、複数性を表示することができる。その使い分けは地域的差異よりも社会層的差異に関連している度合いが大きい。

1）複数形名詞の扱い

　複数という概念のなかに「双数」という捉え方がある。2個または1対のものを表す概念である。そしてスペイン語には双数的な意識で使用される複数形名詞がいくつかある（calzones「半ズボン」、pantalones「ズボン」、tijeras「ハサミ」など）。南北アメリカ・スペイン語では、これらの名詞はそのままの語形で使われたり、複数形語尾をはずして単数形で使われたりする。また、語源的理由で語尾が複数形になっている名詞（paraguas「傘」、sacacorchos「栓抜き」など）もあるが、この場合も同じく、語尾の -sを省略して使うことがある。この揺れはスペイン系アメリカのみならずスペイン

でも方言的なバリエーションとして観察されている。

2）文中の名詞の数

　現代スペインの標準語では、主語が複数の文のなかで、主語の指示する人たちが各人それぞれ同一の身体部位や道具に動作を及ぼすとき、あるいは行為が複数の対象者に作用して対象者のそれぞれの身体部位や所属物に影響を与えるとき、その身体部位などを指す名詞は一般的に単数形で表示される。たとえばpidieron la palabra levantando *el brazo*「彼らは手をあげて発言を求めた」などである。この種の直接補語の表示は、かつては複数形のほうが多かった。そして現在の南北アメリカ・スペイン語でも複数形が非常に多い。たとえばlos paisanos se quitaron *los sombreros*「土地の者たちは帽子をぬいだ」である。

9.3. 語形成など

1）新語（あらたな語形や語義）の形成の手段

（1）世襲言語の活用：新大陸の事物への命名は、例外はあるものの、最初、世襲（スペインから受け継がれてきた）スペイン語が活用された。コロンブスが到着するまでは未知であった土地の目新しい事物には、その形態・様相・用途などの類似点に注目して、スペインで使用したり目にしていたりする事物の名前が適用された。iguana「イグアナ」をsierpe「ヘビ」と、maíz「トウモロコシ」をpanizo「粟」と、canoaをalmadía「いかだ」と、楽器のquenaをflautaと、puma「ピューマ」をleón「ライオン」と、jaguar「ジャガー」をtigre「虎」と、tapir「バク」をdanta「ヘラジカ」と呼んだりした。この種の事情は新大陸の事績を書きとめた年代記作者たちの著述から集めることができる。

　命名の次の段階では、そのようなことばに、一方でde la tierra「この土地の」とかde (las) Indias「インディアスの」という修飾語をつけてアメリカ大陸のものであることを示し、他方でde Españaやde Castillaを付けてスペイン側のものであることを示した。よく知られているconejillo de Indias「"インディアスの小ウサギ" → モルモット」（先住民語系の同義語はcuyやcobaya）のほかにも、ratón de Indias「フチアクーガ」（先住民語系の同義

語はhutía)、camisa de la tierra「"この土地のシャツ"→（メキシコ南部の先住民女性の伝統的なワンピースである）ウィピルhuipil」などがある。
（2）語義の変化：スペイン系アメリカでは、世襲言語として持ち込まれたスペイン語の語彙の一部が、新たな土地のさまざまな事情によってその語義を変えていった。アメリカに最初に到達したコロンブスたちはてっきりインド大陸に到着したものと思い、その土地の人をindio「インド人」と呼んだが、そのことでこの単語の語義が「アメリカ先住民」に変わったし、南米北部や中米やカリブ海域では四季のかわりに雨期と乾期が繰り返すことから、veranoが「乾期 ← 夏」に、inviernoが「雨期 ← 冬」にその語義を変えている。また、tortilla「卵焼き、トルティジャ」は、トウモロコシ粉を練って薄くのばして作る、メキシコでおなじみの「トルティヤ」を意味している。
（3）複合語：単語を組み合わせることで新たな名前を作る仕組みも利用された。寄生植物の一種がagarrapalo「←"木にしがみつくもの"」、ナンキンムシがchupasangre「←"血を吸うもの"」、刺のある植物がarañagato「←"猫が引っかくもの"」、といった面白い名前もあるが、それらはほとんどがそれぞれの地方に限定されたことばとなっている。

2）接辞による派生
（1）行動や効果を示す接尾辞
A．-ada（elotada「トウモロコシの軽食」← elote「トウモロコシ」）。B．-aje（tiraje「吸い込み口」← tirar）。C．-dera（bebedera「酒びたり」← beber）。D．-dura（exageradura「誇張」← exagerar）。E．-ón（agarrón「殴り合い」← agarrar）。
（2）仕事や代理業務を意味する接尾辞
A．-dor, dora（amansador, dora「調教師」← amansar）。B．-ero, era（cafetalero, ra「コーヒー園の農夫」← cafetal）。
（3）集合や豊富さを表現する接尾辞
A．-ada, -aje, -erío（muchachada「若者の群れ」← muchacho, cha、hembraje ← hembra、negrerío ← negro, gra）。B．-al（maizal「トウモロコシ畑」← maíz）。
（4）容量を表現する接尾辞
-ada（ponchada「ポンチョいっぱいの量」← poncho）。

（5）道具や装置を表現する接尾辞
A．-dor (elevador「エレベータ」← elevar)。B．-dera (agarradera「取っ手」← agarrar)。
（6）衝突を示す接尾辞
A．-ada (cachada「角の一突き」← cacho)。B．-azo (cachazo ← cacho)。
（7）基語の動詞の行為が行われる場所を示す接尾辞
-dero (enterradero「隠れ家」← enterrar)。

3）示大辞 aumentativo・示小辞 diminutivo による派生

　南北アメリカ・スペイン語では一般的に示小辞の派生語がよく使われる（副詞の callandito「押し黙って」← callando や corriendito「小走りで」← corriendo など）。
（1）示大辞（名詞以外だが）
A．-azo, aza (tantazo, za「とても多い」)。B．-ón, ona (enojón, jona「気難しい」)。
（2）示小辞（名詞以外もあるが）
A．-ico, ica (tico, tica「コスタリカ人」、← hermanitico, ca)。B．-ito, ita (ahorita, todito, nunquita「決して（〜ない）」)。C．-illo, illa (armadillo「アルマジロ」← armado)。
　なお、tico, tica が「コスタリカ人」の意味で使われるのは中米諸国においてである。中米では友人への呼びかけに hermano, na を使うが、それに二重の示小辞がついた hermanitico, ca ということばを、とくにコスタリカ人が多用するからだ、と言われている。

9.4. 問題
1．スペインの標準語で、語尾が -or で女性形の名詞をふたつあげなさい。
2．スペイン系アメリカでは león と tigre はどのような意味で使われることがあるか。
3．つぎの単語が南北アメリカ・スペイン語で使われるときの意味を調べなさい。
　　1) hembraje、2) negrerío、3) cachazo、4) todito。

10. 動詞

10.1. 動詞の活用体系
　まず指摘されるのは、動詞の活用形がスペインの標準語では6種類であるのに、南北アメリカ・スペイン語では5種類であることだろう。二人称複数のvosotros, trasが使われず、複数の話し相手には敬称であれ親称であれ、ustedesが使われるからである。

10.2. 接続法の用法

1) 接続法過去の -se 型
　南北アメリカ・スペイン語では接続法の過去時制の活用形（ -ra型と -se型）について、-se型の使用が一般的に極端に少なくなっており、公的性格の強い言語様態以外では -ra型が好んで使われている。この現象はスペイン系アメリカのほぼ全域で見られるが、スペインでも起こっている。接続法過去のこのふたつの型は接続法独特のモーダル（叙法的）な内容を表現する場合、今日ますます等価になってきており、それゆえスペインでもスペイン系アメリカでも話しことばでは -ra型を普及させ、-se型を推敲度の高い文体だけに使う傾向がある。

2) -ra型の意味
　書きことばのレベルであるが、接続法過去時制に使われる -ra型の活用形が直説法の過去時制（点過去）や過去完了時制と同じ意味を表現している現象がある。この用法はスペインよりもスペイン系アメリカで一層深く根づいている。Seguí las recomendaciones que *me dijera mi padre* la noche anterior.「私は父が前夜言ってくれた勧めに従った」（標準語ではme había dicho mi padre）などである。

10.3. 直説法の未来
　南北アメリカ・スペイン語の文法を解説する研究書の多くにおいて、その特徴のひとつとして、直説法未来時制の使用頻度が低いという現象があげら

れている。この現象は未来時制の活用形が死滅したということを意味するのではなく、ほかの時制の活用形ほどの必要性がないという事態を意味している。

　動詞のひとつの活用形が使われなくなってくると、スペインの標準語でのその時制の意味が別の手段によって表現される。南北アメリカ・スペイン語の場合、直説法未来時制の活用形は「ir＋a＋不定詞」という迂言形式によって、あるいは現在時制の活用形によって代替されている。これらの3種類の表現形式について、たとえばメキシコでの調査によって得られた使用頻度の割合は、ほかのスペイン系アメリカの国々のスペイン語にもおそらく通用するだろうが、話しことばでは未来時の行為を表現する場合の約半数はこの迂言形式で表現されている。4分の1は直説法現在で、そして残りの4分の1が未来時制で表現されていた。この表現手段の選択に関しては、その動機なり文脈なりの規則性を見つけることは困難だと思われる。未来時制は未来の出来事のほかに現在のことの推測を表現するが、それが次のような現在時のさまざまなニュアンスを表現するのに利用されている。

A．現在時の行為の蓋然性・仮定・推測：¿No estarán vacías esas cajas?「それらの箱は空ではないかしら」
B．譲歩：Será bonita, pero no me gusta.「きれいだろうが、私は好きでない」
C．疑念：No sé quién escribirá mejor.「もっと上手に書く人がいるかなあ」
D．感嘆：¡Ay, cómo serás!「（そんなことするなんて）君はなんていう人なんだ！」

10.4. 過去未来の時制

　南北アメリカ・スペイン語では過去未来時制のcantaría（cantar「歌う」）の活用形もその使用が少なくなっている。過去時の行為に関する表現（過去未来、すなわち過去の1時点から見てそのあとに起こる行為）では、その使用が少なくなっている。しかしモーダルな（叙法的な）ニュアンスの表現ではそれほど衰退していない。文字通りの過去未来の行為を表現する場合、未完了過去（線過去）の時制か、「未完了過去のir＋a＋不定詞」という迂言形式によって代替される。たとえばLe dije que vendría.「私は彼に、その人

はやってくるだろうと言った」がLe dije que venía.とかLe dije que iba a venir.とかで表現される。過去未来の時制形は、メキシコで実際に使用された例を調査すると、過去時の行為（過去から見た未来）を表現する例は全体の1割しかなく、その9割はモーダルなニュアンスを表現していたという報告がある（たとえば条件節＋帰結節でできている条件表現の帰結節だけで示される丁寧表現のYo le aconsejaría que...「私ならあなたに〜を忠告するのですが」などであるが、過去未来時制によるこのニュアンスの表現はスペインでも普通に行われている）。

さらに、過去未来の時制を現在や未来の蓋然性を表示するための推測を表現するという用法が生まれている。たとえば、La inflación para finales de año sería un 15% más alta que el año anterior.「年末ごろのインフレは昨年より15％高くなるだろう」のような文である。これは、アカデミアが認めている過去未来時制の、過去の蓋然性を表現する用法が、現在・未来の蓋然性の表示にまで拡大されたと解釈することができる。すなわちTendría entonces unos 50 años.「そのころ彼はおよそ50歳ほどだったろう」の用法が、現在・未来に適用されているのである（スペインの標準語なら、Ahora tendrá unos 50 años.となろう）。

過去未来の複合時制（habría cantado）もその使用が少ない。この時制を代替しているのは

A．接続法の過去完了時制：

　　　Si hubieras venido, te hubieras divertido. (← habrías divertido)

　　　「君は、もし来ていたなら、楽しめただろう」

B．直説法の現在時制：

　　　Si hubiera estado yo allí, no te pasa nada. (← habría pasado)

　　　「もし私があそこにいたのなら、君にはなにも起こらなかっただろう」

C．「未完了過去のir＋a＋不定詞」の迂言形式：

　　　Si no hubieras venido, íbamos a quedar mal. (← habríamos quedado)

　　　「もし君が来ていなければ、私たちには都合の悪いことになっただろう」

などである。

10.5. 単純時制好み

　世界のスペイン語に共通の現象のひとつとして、直説法の複合時制である現在完了（he cantado）よりも単純時制の完了過去（点過去）（canté）を好む傾向がある。スペインの標準語では、終わっている行為が現在からどれほど遠いかということよりも、現在を含んだ時間帯で起こったという意識があれば現在完了形になる。だから一般的に、現在を含む時間帯を示す副詞表現を伴えば現在完了形が使われる。そして過去の時間帯を意味する副詞表現が伴えばその行為は現在とは切り離されるため、完了過去で表現される。

　しかしながら北アメリカ（メキシコ）や南米北部では、現在を含む時間帯での行為でも行為の完了の意識があれば完了過去が使われ、Hoy llegué tarde.「私は今日遅刻した」とかEste año no pude ir.「今年、私は行けなかった」などと言われる。反対に現在完了はスペインの標準語と違って、過去に完了した行為だがその結果がまだ現在も継続しているという意識のある行為を表現するし（entonces he guardado mucho dinero「あのとき私は大金をしまった（そして今もしまっている）」）、コスタリカなどでは過去の行為を強調するときに使う（cf. 14.3. の5）。現在完了と完了過去は交替可能ではなく、相補的である。このような未完了相（現在完了）と完了相（完了過去）の違いがあるということで、現在完了の用例が少なくなるが、それは現在完了が使われなくなっているということではなく、それに対応する行為の意味領域が限定されているだけである。

10.6. 再帰動詞

　スペインの標準語では再帰代名詞と一緒に使われない動詞（おもに自動詞）が、南北アメリカ・スペイン語では再帰代名詞を伴うことが多い。enfermarse「病気になる」、regresarse「戻る」などである。さらに南北アメリカでは再帰代名詞がついてもつかなくても同じ意味で使われる動詞がかなりある。devolver(se)「戻る」（スペインでは他動詞「戻す」）、parar(se)「立つ、立っている」（スペインでは「止まる、止める」）、ubicar(se)「位置する」（スペインでは使用頻度が低い）、などである。

10.7. 無人称表現の動詞

　haberとhacerを使って表現される無人称文において、これらの動詞は、

スペインの標準語では三人称単数形で使用される。しかしスペイン系アメリカでは広い範囲で、動詞の後ろに現れる名詞句が複数形のときには動詞も三人称複数形になるという現象がある（当該の名詞句は、かつてはhaberやhacerの直接目的語であった）。

　haberは時制によって受容度に違いがあるようである。現在時制ではhayのかわりの一人称の複数形habemos（中世・近世の語形）、過去時制ではhuboのかわりのhubieron、そして特にhabíanがよく使われる。三人称の現在時制ではhayの複数形hain / haynはそれほど使われない。Hubieron desgracias.「色々不幸があった」、Habían sorpresas.「驚くことがいくつかあった」、En la clase habemos cuarenta estudiantes.「クラスには私を含めて学生が40人います」、¿Quiénes hayn adentro?「なかにはどんな人たちがいるのか」などと使う。

　hacerも同様で、よく使われるのはHacen（またはHan hecho）muchos años que llegó aquí.「彼がここに着いてから長い年月がたっている・たった」である。

10.8. 動詞の迂言法など
　南北アメリカ・スペイン語の特徴のひとつとして、動詞の迂言形式を好むという傾向がある。その使用頻度も形式の種類の数もスペインの標準語より大きい。

1）haber + de + 不定詞：アルゼンチンでは過去の行為が遂行直前であった状態を表現する。Hube de viajar, pero no pude.「私は旅行に行こうとしたが、行けなかった」。
　また、スペイン系アメリカの広い領域で、直説法未来時制が表現している意味（未来時の行為や現在時の蓋然的な行為）を担うことがある。Vamos pronto, hijita, que los bebés han de estar llorando.「なあ、赤ん坊たちが泣いているかもしれないから、早く行こう」。

2）ir + 現在分詞：現在時の状態や点的な行為を表わす。¡Cómo le va yendo!「調子はいかが？」、Voy acabando.「私は終わりました」。

3）estar + 現在分詞：この迂言形式も2）と同じく、行為の進行相ではなくて、現在や未来の、あるいは過去の行為を表現する。Mañana lo estoy llamando a las ocho.「あした8時に電話しますよ」、Estaré saliendo mañana.「私はあした出かけます」、Estuve llegando a la una.「私は1時に着きました」。

4) **saber + 不定詞**：soler「よく～する」の意味になる。Pedro sabe comer tarde.「ペドロは食事時間が遅いことが多い」。

5) **動作の開始の意味（起動相）の迂言形式**：Dice a gritar.「彼は叫びだす」、Agarró a caminar.「彼は歩き出した」、Se largó a llorar.「彼は泣き出した」。

10.9. 現在分詞の形容詞的用法

スペインの標準語では、現在分詞は副詞として機能する。しかしスペイン系アメリカではその形容詞的な使い方がかなり多い（とはいえ、スペインでも起こっている現象である）。たとえばvieron un camión transportando muebles「彼らは家具を運んでいるトラックを見た」とかayer le entregué una caja conteniendo ropas「私は昨日、衣類の入った箱を彼に渡した」などである（なおこの現象は、11.10.では英語の影響のひとつとして紹介されている）。

ただしスペインでも絵画の題名のような場合には、Leones durmiendo en la sabana「草原で眠るライオンたち」のように、形容詞的な使い方が許容されている。

10.10. 問題

1．つぎの文は、スペインの標準語ならどうなるだろうか。
　　1）Juan te llamó esta mañana.
　　2）Juan ha escrito unas novelas cuando tenía veinte años.
2．つぎの文は、スペイン系アメリカではどのような意味で使われる可能性があるだろうか。
　　(1) Voy llegando.
　　(2) Estoy saliendo a las cinco de la tarde.
　　(3) Pedro sabía pasear por la tarde.

11. その他の文法

11.1. 前置詞

1）hasta

　前置詞のhastaは、スペインの標準語では「継続行為の終点」を示すときに使われるが、北米・中米・南米北部では、ときにそのような意味を帯びず、単に特定の時点を表示するという用法がある。たとえばhasta las tres almorcéは「私は3時まで昼食をとった」ではなくて「私は（ようやく）3時に昼食をとった」という意味で、volveré hasta que pase el inviernoは「私は冬が終わる頃に（は）戻ってくるよ」という意味で使われる。しかしこの用法も、南北アメリカ・スペイン語のほかの多くの特徴的な用法と同じように、スペインの古い用法と関連づけられる可能性がある。

　では、hastaのこの用法はどの程度使われているのだろうか。メキシコでの調査の結果によると、まず、この用法は文語よりも口語でよく使われるという傾向が指摘されている。そして口語の資料では、hastaが10回使われるとするとそのうちの1回の割りで使われている、ということがわかる。文語ではその割合がさらに少なくなるだろう。頻繁に使われる用法ではなくて、メキシコでもhastaはたいてい「～まで」という意味で使われていることになる。

2）省略される前置詞

　スペインの標準語では使用されているのにスペイン系アメリカでは省略される前置詞がある。たとえば
　（1）de：acordarse de ～（No me acuerdo la fecha.「私はその日付を覚えていない」）。
　（2）con：obsequiar con ～（Me obsequió un libro.「彼は私に本を1冊贈ってくれた」）。
　（3）a：invitar a ～（Te invito una copita.「君に一杯おごるよ」）。

3）代替される前置詞

スペイン系アメリカでは、スペインの標準語で使用されている前置詞のかわりに別の前置詞が使われることもある。

（1）a (← de)：aprender (Juan aprende a su papá.「ホアンは父親から学ぶ」)。

（2）a (← por)：trabajar... (Trabajo a realizarlo.「私はそれを実現するために働く」)。

（3）de (← en)：quedar (Ellos dos quedaron de verse.「二人は会うことにした」)。

（4）en (← de)：examinarse (Me examiné en matemáticas.「私は数学の試験を受けた」)。

（5）en (← por)：en la mañana, en la tarde, en la noche「午前に、午後に、夜に」。

4）人間の直接補語につくaの省略現象

スペインの標準語では直接補語が人間を指しているとき、その直前にaを置かなくてはならない。南北アメリカ・スペイン語ではこのaが省略されることもある。この現象はアンティル諸島のほかにもボリビアなどで報告されている。Contrató [a] un abogado joven.「彼は若い弁護士をひとり雇った」（プエルトリコ）、Y [a] el autor lo han pescado no más.「そして、犯人はあっさりと捕まった」（ボリビア）など。

ただし、スペインの標準語でも不特定の人を指す場合にはaがつかない（Busco un abogado.「私は弁護士をひとり探している」、Tengo dos hermanos.「私には兄弟が二人いる」）。そして動詞tenerはaを伴うことで別の意味を表現する（Tengo a mi madre en la cama.「私は母が病気です」）。

11.2. 副詞

1）副詞の異なった使われ方：

（1）recién：「ついさっき、ちょうど」(Recién ahora llegó.「彼はたった今着いた」)。

（2）mero：「まさに」(Son mero las cinco.「今まさに5時です」)。

（3）acáとallá：aquí「ここに」の意味でacá「ここらあたりに」が、allí「あそこに」の意味でallá「あそこらへんに」が使われることが、スペインと比べて比較的多い。

2）形容詞の副詞的用法
　形容詞を文中で副詞として使用する現象はスペインでも観察されているが、その度合いはスペイン系アメリカのほうが高い。Nos íbamos a ir suavecito.「私たちはゆっくり行こうとしていた」、¡Qué lindo habla!「なんてきれいに話すのでしょう」、など)。

11.3. 接続詞
　珍しい用法がある。
（1）a lo que「〜のとき」：A lo que di la vuelta, me robaron.「私は角を曲がったときに強盗にあった」。
（2）cada que「〜するときはいつも」：Cada que llueve, me duelen las piernas.「私は雨が降るといつも脚が痛む」。
（3）desde que「〜であるからには」：Desde que no estás de acuerdo, me voy.「君が同意していないのだから、私は失礼するよ」。

11.4. 間投詞
（1）呼びかけの間投詞 ¡che!：今日、南米の南西部にあるラプラタ地方で話しことばの特徴になっている。しかしスペインのバレンシアでも使われる。
（2）¡cómo no!：スペインの標準語なら¡Claro!「当然だ！」に対応する。しかし上位の人に前者を、それ以外の人に後者を使うという傾向もある。

11.5. 比較と比較級語の表現

1）比較級語の重複使用：比較級表現ではmás mejor、menos peor、más primeroなどが、絶対最上級の表現ではmuy mucho、muy grandísimoなどが使われることがある。この用法はスペインでも観察される。

2）限定の表現：
A．no más「〜だけ」：a usted no más「あなたにだけ」、hable no más「あなた、さっさと話してください」。nomás という1語として扱われることもある。
B．más nada「〜だけ」など：比較級語の más に否定語が後続する語連続。現在ではカナリア諸島やカリブ海域とその周辺地域で頻繁に観察される。スペインでは nada más。
C．最上級の表現：従属節に含まれる比較級語が主節のほうに転移する用法がある。カリブ海域やカナリア諸島で活発に使われている。たとえば、スペインの標準語の El más viejo no es el que más sabe.「一番の年寄りが一番よく知っている人ではない」が El más viejo no es el más que sabe. に、Eso es lo que más me gusta de Antonio.「それがアントニオのことで私が一番好きなところです」が Eso es lo más que me gusta de Antonio. になる。

11.6. 主格人称代名詞の位置

1）疑問文の場合：アンティル諸島に特徴的な現象だが、疑問詞と動詞のあいだに主格人称代名詞が挿入される。パナマやベネズエラといったカリブ海沿岸部でも観察されている。¿Qué tú dices?「なんだって？」、¿Dónde yo estoy?「ここはどこ？」など。

2）不定詞の主語：また、不定詞の意味上の主語は、スペインの標準語では不定詞の後ろに置かれるが、カリブ海域では不定詞の前にくることがある。al yo venir「私が来るとき」、sin ella saberlo「彼女がそれを知らないままに」など。

11.7. ケ用法 queísmo とデケ用法 dequeísmo

　ケ用法は主文の動詞に伴う前置詞の de, a, en, con などを省略する現象であり、デケ用法は接続詞の que によって導入される従属節の前に、スペインの標準語では必要のない前置詞の de を挿入する現象である。

1）ケ用法：今日ではカリブ海域、ベネズエラ、そして南米南部でその使用

が報告されている。El mundo les daría la impresión que era...「世界は〜のような印象を彼らに与えるだろう」（カラカス）、Nosotros nos damos cuenta que...「私たちは〜のことに気づいた」（ブエノスアイレス）など。この構文には歴史的な連続性が認められる。というのも、中世スペイン語でも使用されていたからである。そしてスペインでは16世紀末ごろから前置詞のdeが導入され始め、その後、前置詞をつけるのが規範的になっていった。しかしながら、その規範は一般化することがなかったので、今日でも全社会層で、そして高度な文体の表現においても両方の用法が共存している。

2）デケ用法：この用法はメキシコやカリブ海域、南米などで報告されている。しかし南米では社会的に低いものだという評価を受けている。Pienso de que...「私は〜だと考える」（ブエノスアイレス）、Ya yo le había dicho de que...「もう私は彼に〜を伝えていた」（カラカス）など。

11.8. 強調構文

Es entonces que llegó. とかEs por usted que lo digo. のような構文がスペイン系アメリカで頻繁に使われ、大衆のあいだに深く根づいている（スペインの標準語ではEs entonces cuando llegó.「彼が着いたのはその時でした」とかEs por usted por el que se lo digo.「私がそれをあなたに言うのは、あなたのためなのです」になる）。この構文はスペインの古典期（16-17世紀）にも使われていたし、現在もイベリア半島北西部で生きている。だからスペインの古い構文であるという可能性がある一方で、フランス語の構文c'est alors que「〜なのはその時である」とか英語の構文It's because of you that I say so.「私がそれを言うのは、あなたのせいなのです」の影響も考えられる。

11.9. 関係詞queによる代替の現象

11.8. で、南北アメリカ・スペイン語における分裂文の強調構文において、関係詞queがそのほかの関係詞のかわりをする現象を見てきたが、同様の代替現象がほかの関係節においても起こっており、その使用頻度はスペインよりも高い。つぎのような例文がある。

El día que fueron a pasear... (cf. El día en que fueron... / El día

— 71 —

cuando ...)「彼らが散歩に出かけた日」。

La ciudad que van a ir a vivir es Lima. (cf. La ciudad en la que van... / La ciudad donde...)「彼らが住もうとしている町はリマです」。

Ahí hay una hendija que salen las ratas. (cf. una hendija de la que... / de donde)「あそこにネズミが出入りする割れ目がある」。

この代替現象もフランス語の影響によると解釈されることがあるが、ロマンス語に内在する傾向のひとつであるとする見方もある。

11.10. 英語の影響

プエルトリコでは英語との接触が多いため、その影響のうかがえる現象が観察されている。いくつか紹介しよう。統語的干渉の現象（英語の文法体系には属しているが、スペイン語の文法体系には含まれていない用法）の例である。

1）現在分詞の名詞的用法：Lo que hace es *comparando* muestras.「彼がしていることは見本の比較である」など。

2）現在分詞の形容詞的用法：Ella quería saber cuáles eran mis compañeras *enseñando* español.「彼女は私のスペイン語教師の同僚がだれなのかを知りたがっていた」など。

3）節のかわりに不定詞構文を使用する現象（その意味上の主語の位置にも注意）：A ellos les gustaba la forma de *yo hablar*.「彼らには私の話し方が気に入っていた」など。

11.11. 問題

スペイン系アメリカの次の文はスペインの標準語ならどうなるだろうか。

（1）Anoche Juan llegó a mi casa *hasta* las once de la noche.（前置詞）

（2）Tengo un niño *que* le gustan mucho los plátanos.（関係詞）

（3）*A lo que* di la vuelta, me robaron la cartera.（接続詞）

（4）Allí ponían unas piedras para *uno poder pasar*.（不定詞構文）

（5）Ya es tiempo *que le* demos a nuestras vidas un poco más de seriedad.（ケ用法、間接補語代名詞）

12. 語彙の特徴

　南北アメリカで使われるスペイン語の語彙のなかにも、スペイン系アメリカに特徴的な単語が少なくない。その語彙的特徴には色々あるが、それらの特徴の扱い方にもいくつかある。大別すると通時的（歴史的）な特徴群と共時的（現代的）な特徴群に分けることができよう。しかし多くの場合、その両方の特徴が組み合わさって「米系西語」であると判定される。この課の解説に関して、まず以下の２点を確認しておこう。

　スペインの標準語の単語と南北アメリカ・スペイン語の単語を比べて、後者に特徴的な単語をスペイン系アメリカ的なものとするとき、それを本書では便宜上、南北アメリカ・スペイン語のなかの発音や文法の問題と区別するため、「米系西語」と呼ぶことにする。

　さらに、語彙の特徴を論じるときには、［１語形－１語義］という組み合わせをその基本的な単位としてとらえなくてはならない。語形が特徴的である場合と語義が特徴的である場合があるからである。スペイン系アメリカで使われているスペイン語の語形がスペインの標準語で使われていなければ、それは米系西語となるが、問題の単語（語形）がスペインの標準語で使われていてもその意味（語義）がスペインの標準語と違っていたり、その語形が帯びている複数の語義のなかに南北アメリカのスペイン語でしか使われないものが含まれていれば、その語形と語義の組み合わせ（単位）は米系西語であることになる。

12.1. 全般的な特徴の示し方
　米系西語は、全般的な示し方をすると、つぎのようにもなろう。

１）スペインの標準語との対比によって生まれる特徴
　使い方が違うという特徴。たとえば、いわゆる古語（スペインでは使われなくなっている語彙）、方言（アンダルシア語系語、カナリア語系語、イベリア半島の北西部方言系語など）などがそうである。

２）語義変化によって生まれる特徴
　新大陸の目新しい事物によって引き起こされた語義変化、新大陸で語義が

変わった水夫用語、各国の特別な語義変化、タブー語忌避のための婉曲表現、隠語などによって生まれる。
3）新語としての特徴
　派生要素による語形成や新語の形成が対象になる。
4）外国語系という特徴
　イタリア語系語、英語系語、フランス語系語など。スペインの標準語では使われない、あるいは使用頻度が低い場合のことである。広義には語形成という現象である。
5）南北アメリカの先住民語系という特徴
　タイノ語系語、カリブ語系語、ナワ語系語、ケチュア語系語、アイマラ語系語、マプチェ語系語、グァラニー語系語などを指す。広義には語形成という現象である。
6）アフリカ諸語系の特徴
　スペインの標準語では使われない、あるいは使用頻度が低い場合のことである。

12.2. 特徴の種類
　現在、南北アメリカとスペインの標準語で使われている語彙を比較検討するとき、さまざまな単語が米系西語であると判定されるが、その判定においては上記の諸特徴がどのようにまとめられるだろうか。

1）南北アメリカで使われているという特徴からの米系西語
　まず、スペインの標準語との比較検討ということを別にすれば、現在、南北アメリカで使用されているスペイン語の語彙はすべて米系西語である、と言うことができる。絶対的な特徴であり、共時的な特徴であるが、その大半がスペインの標準語と共通であることは明白である。しかし各国・各地で、スペインの共通語とは異なる単位（1語形－1語義）の語彙が存在することもはっきりしている。

2）出自の特徴による米系西語
　語形にしろ語義にしろ、それが南北アメリカの土地に独特のもの（先住民語系語）であれば米系西語とする、という考え方もある。この場合も絶対的

な特徴になる。そして通時的な特徴である。そうすると、語形については、第3課「南北アメリカで接触した言語」のなかの、先住民語系のことばはすべて、米系西語であるということになる。そのなかには現在、スペインの標準語でも、その他の外国語ででも使用されているものもある（chocolate「チョコレート」など）。

3）スペインの標準語では使われていないという特徴からの米系西語

つぎに、スペインの標準語の語形と比較してみると、南北アメリカだけで使われていてスペインの標準語では使われていない、という現象に気づかれる。そのような単位（1語形－1語義）も米系西語となろう。相対的な特徴であり、共時的な特徴でもある。このような特徴から米系西語になった単語の場合、結果としてスペインの標準語と南北アメリカ・スペイン語とのあいだに同義語が生まれることになる。

また、語義について考えれば、スペインの標準語で使われている単語（語形）に南北アメリカに独特の語義が当てられている場合も、その単位（1語形－1語義）は米系西語になろう（スペインの単位であるtortilla－「卵焼き」が南北アメリカの一部でtortilla－「トウモロコシ粉をせんべい状にしたトルティヤ」という単位で使われている場合など）。

このような米系西語が生まれた原因としてはいくつか考えられる。語形の点では、南北アメリカの先住民語系の単語でスペインには入っていないもの、南北アメリカにはスペイン語以外の外国語から入ったがスペインの標準語には入らなかったもの（第3課を参照のこと）、南北アメリカでスペインの方言から採用されたがスペインの標準語では使われていないもの、かつてスペインでは標準的に使われていたが今日では古語になっているもの、などが考えられる。また、語義の点では、スペインからスペイン系アメリカに移植されたスペイン語が南北アメリカで語義を変えたり、あらたな語義を当てられたようなものが考えられる。

なお、スペインの標準語では使われていないという現象には、問題の単語の使用頻度がスペインでは低いという現象も含められる。

12.3. スペインの方言から採用された米系西語

南北アメリカに移植されたスペイン語は時間の経過とともに語義が変化し

たり、あらたな語形が作られたりするが、この両者は現在のイベリア半島のスペイン語と比べると、同音異義語や同義語、あるいは新語という特徴として理解される。他方、スペインの標準語以外の言語様態（スペイン語の二次的言語体系、すなわち諸方言）から一般的な南北アメリカ・スペイン語に入ったことばも、スペインの標準語とスペイン系アメリカの規範的な言語様態（標準語）を比較して、スペインでは使われていないがスペイン系アメリカでは使われているという違いがあれば、米系西語になる。

１）**アンダルシア語系語**：まず、スペインと植民地アメリカとがつながるルートはイベリア半島南部であったことから、現在の南北アメリカ・スペイン語にはアンダルシア語系のことばが豊富に含まれている。その代表的なものに amarrar「しばる」、calderetero「釜職人」、guiso「煮込み料理」などがある。

２）**カナリア語系語**：カナリア諸島は長いあいだ植民地と本国のルートの中継地であったことから、多くのことばが植民地に運ばれた（そして人的な貢献も小さくない）。とくにカリブ海域にその影響がかなり残っている。カナリア語系の単語に botarate「浪費家」、cerrero, ra「粗野な」、mordida「かみつき」などがある。

３）**イベリア半島北西部語系語**：16世紀にはイベリア半島西部から多くの人が新大陸に渡っていったので、北西部の諸方言も南北アメリカ・スペイン語に入っていった。また、中世にはレオンなどの北西部からの移住者がエストレマドゥラを通ってアンダルシア西部に移っていたから、その地から新大陸に渡った人たちもレオン語系のことばを運んでいったし、ガリシアやポルトガルの人たちがカナリア諸島に移住していたので、新大陸に渡ったカナリアの人たちもイベリア半島北西部語系のことばを運んでいった可能性がある。おおむねレオン語系であると思われる単語に、andancio「軽い流行病」、carozo「穂軸」、fierro「鉄」、lamber「なめる」、peje「魚」があり、ガリシア語かポルトガル語に由来する単語には bosta「牛馬の糞」、cardumen「魚の大群」、laja「浅瀬」などがある。

4）**水夫用語系語**：特別な方言（集団語）である。新大陸に渡るには数カ月もかかる長い航海をする必要があった。イベリア半島の各地からそれぞれの方言を使う人たちが、海上で運命共同体を構成しつつ一緒に生活していくうちに、世話をしてくれる水夫たちのことばを自分たちの共通語として取り入れたであろう。陸地の生活が始まると、それらのことばを、新しい生活環境に応じて語義を変えつつ使いつづけた。たとえば、「入り江」の意味のフランス語（havre）から入って「港」を意味していたabraが「山峡の間道」の意味で使われ、「船賃」のfleteが「（一般的な）運賃」や「馬」の意味で使われるし、航海用の「乾パン（のくず）」のmazamorraは先住民の作る「トウモロコシ粥（カユ）」を意味するようになった。また、列車に乗るにもembarcarse（←"乗船する"）が使われ、「入り江」の意味のensenadaは陸地の「牧場の柵囲い」を、「海浜」のplayaは駐車場のような「広い平坦な場所、広場」を指すようになった。

12.4. スペインでは古語となっている米系西語

　スペイン系アメリカの一般的な語彙のなかには、スペインではもう使われなくなっていたり文語としてのみ残っていたりするような単語がかなり見られる。現在のスペインの標準語では使われず、南北アメリカ・スペイン語の標準語では使われる、ということで米系西語になる語彙のことである。

　すぐに気づかれるのは、美しさを評価する形容詞として、現代スペインのようにbonitoやhermosoを使わず、スペインの17世紀によく使われたlindoを使う現象であろう。また、スペインの黄金世紀（16・17世紀）に使われていたがそののち忘れられていった単語で、今日のスペイン系アメリカで使い続けられているものに、bravo, va「怒った」、liviano, na「軽い」、pollera「スカート」、recordar「目覚めさせる」、esculcar「詮索する」、aguaitar「見張る、待つ」、その他多数がある。

12.5. 語義の変化（同音異義語）

　スペインの標準的な単語が南北アメリカ大陸でその語義を変えると、結果としてスペインとスペイン系アメリカに同音異義語が出現することになる。新大陸に運ばれたスペイン語がその語義を変える現象は、まず、征服時代と入植の初期に起こった。スペイン人たちは、それまで自分たちが見たことの

ない大自然の姿や事物の名前を、自分たちの母語の単語を使って呼びはじめたからである。たとえば、植物の「ビワ」の意味のníspero を使ってゴムの木のbalata を、「プラタナス」のplátano でバナナの木を、「プルーン」のciruela でウルシ科の植物を指すようになった。また動物では「ライオン」の意味のleón でピューマ（puma）を指し、「トラ」のtigre でジャガー（jaguar）を指すことにした。そしてその後、現地の人から聴き取った名前を採用していった。

ほかにも、新大陸の事情によって多くのスペイン語がその語義を変えた。たとえば、「滞在、住居」の意味のestancia が「農場」の意味になったり、「山間の道」のquebrada が「小川」の意味で使われたりしている。おなじような事情によって、「小道」のvereda が「歩道」に、「荒地」のpáramo が「小雨」に、「冬」のinvierno が「雨期」に、「夏」のverano が「乾期」に、「火山」のvolcán が「地すべり」とか「山積み」の意味になっている。

このようにして新大陸の事物や生活の事情に合わせて、スペイン語の語義が変化していき、その結果、おなじ単語がスペイン系アメリカとスペインで異なった概念を意味することになった。その［語義－語形］の単位が米系西語になるのである。そして同音異義語が生まれる。

12.6. 同義語

スペインの標準語と南北アメリカの一般語に同義語が存在するということは、同義語のうちの一方をアメリカ・スペイン語が、そしてもう一方をスペインの標準語が使用する、ということを意味している。この現象は「単語の好み」というように解釈することができる。同義語という見方からよく例に出される単語のいくつかを紹介しよう。左端にあげた語義に対して、「西」はスペインでの語形が、「米」は南北アメリカの語形が対応する。

「（男性の）上着」西　americana, chaqueta；米　saco, saco de traje。
「オーバーオール」西　mono, peto；米　overol, mameluco。
「イヤリング」西　pendientes；米　aretes, aros。
「ソックス」西　calcetines；米　medias, calcetines。
「ブラジャー」西　sostén, sujetador；米　sostén, brasiel, brassiere, corpino。
「冷蔵庫」西 nevera, frigorífico；米　refrigerador, nevera, heladera。

「リモートコントロール」西　mando (a distancia)；米　control (remoto)。
「スイッチ」西　interruptor, llave；米　interruptor, switch。
「毛布」西　manta；米　colcha, frazada, cobija。
「自動車」西　coche, automóvil；米　automóvil, auto, carro。
「(乗合い)バス」西　autobús, bus；米　autbús, bus, camión, guagua, colectivo。
「(二輪車の)ハンドル」西　manillar；米　manubrio。
「(列車の)切符売り場」西　taquilla, ventanilla；米　ventanilla, boletería, taquilla。
「万年筆」西　pluma, estilográfica；米　pluma, pluma fuente, birome, lapicera, estilográfico, lápiz de pasta, pluma cohete, pluma atómica。
「切手」西　sello (de correos)；米　estampilla。
「(水泳の)プール」西　piscina；米　piscina, alberca, pileta。
「ベンチ」西　banco；米　banca。
「ショーウインドウ」西　escaparate；米　vitrina, vidriera。
「セロハンテープ」西　celo, cinta adhesiva；米　cinta scotch, cinta adhesiva。
「ジョギング」西　footing；米　jogging, footing。
「長距離電話」西　conferencia；米　(llamada de) larga distancia。

12.7. 使用頻度の違い

　現代スペイン語の語彙の用法を検討する場合、特定の単語の使用頻度がスペインの標準語よりもスペイン系アメリカでのほうが大きいという特徴から、問題の単語が米系西語であると認定される場合がある。そのような単語はスペインでも使用されているが何らかの事情でその使用頻度が小さくなっている。わかりやすい事情もあれば推定が困難な事情もあって興味深い。この特徴は、スペインの標準語では古語となっているものにも見られるし、また上記の「同義語」という特徴とも似ている。ここで扱われる単語のなかには、上記の12.4. や12.6. で扱われる語彙と共通のものも含まれるであろう。しかしながら、「使用頻度の違い」といっても、その判定は難しい。「スペインでの使用」といえば、どうしても方言が含まれたりするからである。

そのような米系西語を、たとえばa-で始まる単語のなかからいくつか取り出して紹介してみよう。まず当該の単語を示し、その右側に品詞と語義、使用地域である国、スペインでの事情が紹介されている（略語は次のような意味である。米：スペイン系アメリカ、西：スペイン。使用地域の国名はカタカナ名の最初の2文字で示す）。

acotejar　他動詞「整理する、整頓する」。キュ、コロ。西では古語。西の同義語arreglar。

afiche　男性名詞「ポスター、張り紙」。コス、キュ、コロ、ベネ、チリ、ウル、アル。（同義のフランス語afficheから）。西の同義語cartel, póster。

agora　副詞「いま」。コス。西では古語。西の同義語ahora。

aguaitar　他動詞「待つ、待ち伏せる」。キュ、プエ、コロ、ベネ、チリ、ウル、アル。西では古語。西の同義語aguardar, esperar。

almorzar　自動詞「昼食をとる」。コス、キュ、コロ、ベネ、ペル、アル。西の同義語comer。（男性名詞のalmuerzo「昼食」も同様。西の同義語comida。）

amarilloso, sa　形容詞「黄色っぽい」。キュ、コロ、チリ。西の同義語amarillento, ta。

amarrar　他動詞「しばる、くくる」。キュ、コロ。西の同義語atar。米の異義「（パーティーなどの）準備を整える」（キュ）、「（恋人などを）仕留める」（ベネ）、「（能力や決定権を）制限する、妨害する」（チリ）。

angosto, ta　形容詞「狭い」。コロ、ウル、アル。西の同義語estrecho, cha。米ではangosto, taは一般語でestrecho, chaは教養語、西では前者が教養語、後者が一般語。

anivelar　他動詞「平らにする」。チリ。西では古語。西の同義語nivelar。

ansina　副詞「そのように」。メキ、ベネ、ウル、アル。西では古語。西の同義語así。

anteojos　男性名詞・複数形「眼鏡」。コス、コロ、チリ、ウル、アル。西の同義語gafas。米の同義語lentes。

apurarse　再帰動詞「急ぐ」。コス、キュ、コロ、ベネ、ペル、チリ、ウル、アル。西の同義語apresurarse。

arriendo　男性名詞「(住居の) 賃貸料」。キュ、コロ。西の同義語alquiler。米の同義語arrendamiento。米の異義「賃貸」。

arveja　女性名詞「エンドウ、エンドウマメ」。メキ、コス、ベネ、チリ、ウル、アル。(イベリア半島西部語系語か、あるいはアンダルシア語系語か)。西の同義語guisante。米の変異形alverja。

auto　男性名詞「自動車」。ウル、アル。西の同義語coche。

azucarera　女性名詞「(食卓の) 砂糖入れ」。キュ、ウル、アル。西の同義語azucarero。

azuloso, sa　形容詞「青みを帯びた」。コロ、チリ。西の同義語azulado, da。

12.8. 問題

1．つぎの米系西語に相当するスペインの標準語は何か。
　1) amarrar; 2) fierro; 3) lamber; 4) pollera; 5) liviano, na。

2．語義のなかには、つぎのようにスペイン (西) とスペイン系アメリカ (米) で別々の単語 (語形) で表現されることが多い。その意味 (語義) を答えなさい。

　①西 gafas；米 lentes, anteojos。
　②西 matrícula；米 placa, patente, chapa。
　③西 ascensor；米 ascensor, elevador。
　④西 cocer；米 cocinar, cocer。
　⑤西 goma；米 liga, elástico, gomita。
　⑥西 cartel, póster；米 afiche。
　⑦西 manta；米 colcha, frazada, cobija。
　⑧西 sello (de correos)；米 estampilla。
　⑨西 comer；米 almorzar。
　⑩西 alquiler；米 arriendo。

第2部　地域別編

（言語現象の名前の後ろのカッコは、第1部「総説編」の関係箇所の項目番号である。）

13.　メキシコ

正式な国名	Estados Unidos Mexicanos
人口	1億7百万人（日本 1億2千8百万人）
国土	197万平方キロ（日本 37万8千平方キロ）
首都	Ciudad de México
公用語	スペイン語
スペインの植民地時代	1521年（1535年　Virreinato de Nueva España）
スペインからの独立	1821年

　北アメリカ大陸にあるメキシコ合衆国Estados Unidos Mexicanosは、日本の5倍強の領土に1億7百万人の人口を抱える、スペイン語圏で最大の国である。首都はメキシコ市Ciudad de México。国土は大部分が山地と高原で、気候も海岸の低地以外は比較的温暖である。低地はサバンナ気候、高原はステップ気候である。北のアメリカ合衆国からシエラネバダやロッキーの山脈が続いており、メキシコでは東と西と南でシエラマドレという名の山脈になる。それらに囲まれた形で標高1千メートルから2千メートル前後の広大な中央高原（アナワクAnáhuac）が広がっている。

　このメキシコ高原に14・15世紀頃、アステカ族が高い文明を築いた。アステカ王国である。しかし1521年、スペイン人コルテスHernán Cortés (1485-1537)に征服された。スペインはこの地方の統治のため、1535年に南北アメリカで最初の副王領であるヌエバエスパニャ副王領Virreinato de Nueva Españaを設置し、アステカ王国の首都であったメキシコ市を副王領の首都に定めた。1821年にスペインから独立したが（当時の人口は700万

弱)、1836年にテキサスがメキシコから離れて共和国として独立し（1845年にアメリカ合衆国に加入）、つづいて起こった米墨戦争（1848年）でカリフォルニア州などを失う。現在のアメリカ合衆国の西部（およそ国土の3分の2）は、この広大な副王領を受け継いだメキシコから入手されたものである。

　この国の標準語の規範は、スペイン語圏全域で教養階級の話者が手本にしている共通の理念的な規範に非常に近い。私たち非スペイン語話者の日本人にもわかりやすいスペイン語になっている。メキシコ市は16世紀の前半からヌエバエスパニャ副王領の首府となり、同世紀の中頃にはそこに大学も設置された。植民地時代には絶えず本国の首都から教養階級の多くのスペイン人が副王領の統治者として訪れていたことで、そのスペイン語は不断にスペインの標準語と接し、現在でもそれに近い様態を見せている。

13.1. 先住民諸語

　スペイン人が到来した16世紀初頭、メキシコには100種類以上の先住民語が話されていたと推定されている。そして現在でも60種類以上の先住民語が使用されている。先住民語を使用しているメキシコ人は数百万いるが、なんといってもナワ語el náhuatl（中央部とその周辺の話者約150万人）とマヤ語el maya（メキシコではユカタン半島とその周辺部の話者約80万人、中米も含めれば数百万）が代表的な言語である。これらに続くのはサポテック語el zapoteco（南部の話者約45万人）、ミシュテック語el mixteco（南部の話者約44万人）である。

13.2. スペイン語の方言化

　スペイン語は今日のメキシコで人口の9割以上の人たちの第1言語となっており、また先住民の間ではlingua franca（共通語、仲介語）となっている。しかし広大な国土と1億人以上の人口をかかえている国であるから、方言化が進んでいる。つぎのような6種類の方言を区別することができる。

1）北部：バハカリフォルニアを始めとする北部である。Y音化現象の単一発音が極端に母音化していて、amarillo「黄色い」が [amarío] のように聞こえる。

2）中央部：メキシコ市に特徴的なスペイン語である。子音のsは内破の位置でもしっかりと発音されるが、その前後の母音が落ちやすい。

3）南部：まだよく調査されていない。メキシコ湾沿岸部と似ているが、先住民諸語の影響が強い。

4）東部：ベラクルスなどがあるメキシコ湾沿岸部である。内破音の -s が気音化する点でカリブ海域のスペイン語に似ているという印象を与える。

5）ユカタン地方：カリブ海に突き出たユカタン半島ではマヤ語の影響が強い。この地方以外のメキシコでは使われないマヤ語系の単語が頻繁に使われている。また、発音ではこの地のマヤ語から入った声門閉鎖音が、スペイン語の場合にも聞かれる。

6）最南部：チアパスあたりである。ここのスペイン語はメキシコ的というよりも、中米のスペイン語によく似ている。

13.3. 音声面の特徴

S音法（本書の5.）	全域で起こっている。
Y音化現象（6.1.）	全域で起こっている。
文字b, d, gの発音（6.5.）	教養口語ではしっかり維持。
文字sの発音（5.）	高原部ではしっかり維持。低地では弱くなる。
母音の発音（4.2.）	分立母音の二重母音化。高地では弱くなる。
文字rの発音（6.2.）	摩擦音化が起こる。
文字jの発音（6.6.）	南北アメリカの標準的な柔らかい発音。
その他の発音	ナワ語系の発音特徴がある（文字はx, tzと二重子音tl）。

1）S音法（本書の5.1.）：このスペイン系アメリカの特徴が全域で観察される。

2）Y音化現象（6.1.）：全域で起こっている。ll と y の発音を区別している地域はない。その単一発音は、北部ではごく弱く、母音化している。

3）/b/, /d/, /g/ の発音（6.5.）：教養口語では子音がしっかりと発音される。母音間の有声子音音素の /b/, /d/, /g/ の発音は維持されているから、語尾の -ado の母音間子音の発音が省略される [kansáo]（cansado「疲れた」）

のような発音は俗語的であるとみなされている。

4）文字sの発音（5.2.-5.4.）：文字sは、語中という位置にあれば国のほぼ全域において発音されるが、この発音の堅持は、南北アメリカ・スペイン語ではメキシコ高原部のスペイン語でとくに目立っている。例外はメキシコ湾沿岸部であり、そこでは気音化して [móhka]（mosca）となったり、省略されて [dónińo]（dos niños）となったりする。

5）分立母音の二重母音化（4.2. の3）：とくに /ea/, /eo/, /oa/, /oe/ の分立母音が二重母音として発音される傾向がある。そこで [tjátro], [pjór], [twája], [pwéta]（それぞれ teatro, peor, toalla, poeta）のような発音が聞かれる。

6）母音発音の弱化と消失（4.2. の4）：規則的ではなく散発的に起こる現象に、母音発音の弱化と消失がある。とくに高原部で、子音sと接触している母音によく起こる。たとえば ant^es, pes^os, noch^es, chⁱste のような発音が聞かれる（それぞれ antes, pesos, noches, chiste）。しかしこの現象はメキシコの高地のほかにも、コロンビアやペルー、そしてアルゼンチンの高原地帯で観察されている。

7）単震音rの摩擦音化（6.2. の4）：ごくまれにしか起こらない現象に、はじき音の摩擦音発音がある。しかし語末の位置でしか起こらない。

8）ナワ語系の発音（3.1. の3）：メキシコ最大の先住民語であるナワ語の影響により、めずらしい発音が生まれている。mixiote [mišjóte]「（リュウゼツランの葉で包んで蒸した肉料理の）ミシオテ」、nixtamal [ništamál, nistamál]「石灰水に漬けたトウモロコシの粒」、xocoyote [šokojóte]「末っ子」などの文字xに対応する無声前部硬口蓋摩擦音発音の [š]（日本語のシの子音）と、quetzal [keŝál]「（先住民によって神聖なものとされた鳥の）ケツァル」、Tepotzotlán [tepoŝotlán]「（メキシコ州にある町の）テポツォトラン」などの文字tzに対応する無声歯茎破擦音発音の [ŝ]（日本語のツの子音）である（cf. 5.7.）。

9）ナワ語系の二重子音：スペインの標準語やスペイン語圏の共通スペイン語には存在しない二重子音がある。ナワ語の無声側面破擦音の -tl- である。それゆえメキシコでは、hui-tla-co-che「（キノコの）ウイトラコチェ」、cen-zon-tle「テンジクネズミ」、ix-tle「（植物繊維の一種の）イストル」、a-tle-ta、a-tlasのような音節分けで発音される。

— 85 —

13.4. 文法面の特徴

ボス法（7.2.）	ほとんど起こっていない。
その他の待遇表現（7.3.など）	南北アメリカ・スペイン語の標準。
人称代名詞の用法（8.）	三人称代名詞の与格と対格の交差。
名詞の用法（9.）	南北アメリカ・スペイン語の標準。
動詞の用法（10.）	南北アメリカ・スペイン語の標準。
その他の用法	ケ用法とデケ用法。hastaの特殊用法。無人称表現の複数形。

1）人称代名詞（7.1.）：二人称複数形の代名詞が欠けている。
2）三人称代名詞の与格と対格の交差現象（8.1.の5）：Di el libro a tus padres. が代名詞に置き換えられると *Se lo* di. ではなくて *Se los* di. になる現象である。
3）前置詞hastaの特別な用法（11.1.の1）：hastaは時間や空間の限界の「～まで」だけでなく、点的な意味で「～に」の意味ででも使われる。
4）無人称表現の動詞（10.8.）：そのhaberでの複数形になる現象が一般的に起こっている。*Debían haber* más de cien personas.「百人以上いたはずだ」などとなる。
5）ケ用法とデケ用法（11.7.）：これらの現象も広がってきている。
6）単純時制好み（10.5.）：この現象が起こっている。
7）直説法未来の時制の表現（10.3.）：これの迂言表現「ir a + 不定詞」が標準型である。

13.5. 語彙面の特徴

　なんといっても先住民語のナワ語の系統の単語が特徴となっている。aguacate、cacahuate、cacao、chicle、coyote、hule「ゴム」、nopal「ウチワサボテン」、petaca「タバコ入れ」、petate「ござ、むしろ」、tocayo「同名異人」、tequila、tiza「白墨、チョーク」、tomateなどである。しかしスペイン語系のことばのなかにもメキシコ独特の語義を持つものがある。camión「バス」（「トラック」もcamión、「バス」はautobúsとも）、tortilla「（トウモロコシ粉の薄焼きパンの）トルティヤ」などである。また、相手の

言ったことが聞き取りにくい時に聞き返す ¿mande?「ええ？（もう一度おっしゃってください）」もメキシコ的である。

13.6. 教養口語の例（CD Track 1）

　メキシコのMonterreyの大学で開かれた国際会議の会場で、会議のサポートをしてくれている男子学生の話を聞いてみた。特徴的な語法を探してみよう。

1　— Primero..., ¿qué... estás haciendo aquí... en esta Universidad?
2　— Aquí estoy, lo que es ehh... asistente... del evento [Congreso
3　Internacional], estoy... en lo que se llama logística. Eh.. que si llega a faltar
4　alguna, algún material, que tengo que reponerlo todo, tengo que chequear
5　si está todo bien, dar información a los visitantes sobre cómo, dónde
6　distribuirse, dónde están los baños, si necesitan algo, que, por ejemplo,
7　como si la que..., que... querían tomar una taza de café, para eso estoy yo
8　aquí.— Y... ¿estudias aquí?, (...).— Sí, yo estudio en la Universidad Autónoma
9　de Nuevo León, en el colegio de pedagogía, ya soy pasante, que quiere
10　decir que terminé la carrera, y estoy por opción al título. Por eso es
11　servicio social, lo estoy haciendo para poder sacar mi título. — Jujum...
12　E...n. — ¿conseguiste el título de máster? — No, nada más título de... de
13　licenciatura. — jaján... — El máste, el máster lo estoy haciendo en Cuba. —
14　¿Estás haciendo ahora?　— Sí, en Cuba.　— ¿Ahora, actualmente?　—
15　Actualmente, precisamente el 29 de octubre salgo para Cuba, — jaján...
16　a Santa Clara, donde está enterrado el Che Guevara, el mítico Che Guevara,
17　— jujún...　— Ernesto Guevara (de la) Serna, ahí e... estudio. Y, ¿por qué
18　estudio allá? Porque es la, porque la Universidad de... de... de Cuba, era la
19　que me daba..., o me presentaba la... la opción de... de carrera que yo, yo
20　quería　— jaján...　— de Humanidades. Y después mi doctorado, lo voy a
21　hacer en la Universidad Nacional Autónoma de México, la de nosotros... (...)
22　... son la razón, la educación superior, y aquí en la UNAM va a ser sobre los
23　estudios cómo incorporar nuestra, nuestra tradición, nuestra cultura, la que
24　la mayoría de la gente ha olvidado, incorporarla en un tipo de ideología, —

25 de... — de, de ideología. Por ejemplo, yo estoy, yo admiro mucho a los
26 asiáticos, a ustedes, por ejemplo (...) a los chinos, a los japoneses, a los, a los
27 de aquella región..., porque han sabido... han sabido mezclar su... su cultura
28 milenaria con su progreso. Y la han sabido conllevar. Nosotros, no...
29 nosotros los latinoamericanos, esa cultura antigua milenaria, la... la... la
30 hemos, este, escondido, la hemos, este, olvidado, y ahora somos híbridos,
31 somos... somos... somos una cultura que dependemos de una... de otra
32 cultura, por ejemplo la más... la más devoradora, que es la, la
33 norteamericana, la estadounidense. Entonces nosotros hemos perdido
34 nuestra identidad... eso es, mi idea es, es... estudiar las, las, la antigua
35 cultura. Es un máster de primaria, de... de nivel primaria. Entonces, es
36 buscar lo, lo, lo, lo mejor de, de aquella, de aquella cultura milenaria, traerla
37 al presente, transformarla, adaptarla a la(s) nueva(s) necesidades... y poder
38 crear una nueva ideología, de latinoamericano(s). Esto es... ¿cuál es mi idea?
39 Mi idea es... es... saber aprovechar nuestros recursos culturales, para el
40 progreso de los dos (?) como país subdesarrollado que somos, porque
41 reconocerlo. México y América Latina, en... en América Latina, somos
42 países que... bueno, aunque no (?) somos subdesarrollados, no tenemos
43 esas... esas... esos recursos... humanos, ni culturales, porque nosotros mismos
44 nos los hemos obstaculizado. ¿Por qué? Por corrupción, por problemas de...
45 por problemas económicos, por problemas... ehh... somos los... somos las
46 regiones que tenemos millones de pobres, una desigualdad tremenda.

注意：9行目のpasante「卒業審査期間中の学部学生」。

13.7. 問題

1）発音
 a. Ｓ音法の発音に気づかれる行と単語を３ヶ所指摘しなさい。
 b. Ｙ音化現象に気づかれる行と単語を３ヶ所指摘しなさい。
2）文法
 a. 13行目にある特徴的な文法現象（動詞）を指摘しなさい（cf. 10.8. の3）。
 b. 20・21行目にある特徴的な文法現象（動詞）を指摘しなさい（cf.

10.3.)。

3）内容
- a. この学生はいま、どのような仕事をしているのか。
- b. 彼はどこの大学の学生か。
- c. この学生は、これからどこで勉強することになっているのか。
- d. 博士課程はどこの大学で勉強すると言っているか。
- e. 30行目の'somos híbridos'とは、どのような意味で言っているのであろうか。

メキシコの酒

　メキシコの酒といえばテキーラであり、プルケでしょう。tequilaは「（リュウゼツランの一種の）テキラ」です。もともとはナワ語系の地名ですが、その意味が拡張して「（テキラの球茎部分を蒸し焼きにして搾った糖液を発酵させ、その糖液を蒸留して作る蒸留酒の）テキーラ」の意味になりました。他方、pulqueは「（リュウゼツランのマゲイの花茎を切り取ったあとににじみ出す蜜水agua mielで作る発酵酒の）プルケ」です。ナワ語からの借用語。

　これらの原料になるリュウゼツランは一般的にmagueyと呼ばれます。タイノ語からの借用語です。スペインの同義語はpita。南北アメリカでマゲイと呼ばれるリュウゼツランは200種ほどあるそうです。そのなかにテキーラに適する種類やプルケに適する種類が含まれています。

　スペイン人が登場するまでは、スペイン系アメリカの酒はプルケやchicha「（チブチャ語からの借用語）（トウモロコシで作る）チチャ酒」のように発酵によって造る醸造酒でした。そしてスペイン人から伝えられた蒸留の技術を使ってテキーラやpisco「（ブドウを使う）ピスコ」などの蒸留酒が造られるようになりました。

14. 中米とコスタリカ

　地理上の概念である中米（中央アメリカ América Central）の定義にはいくつかある。南北アメリカ大陸をつなぐ細長い地域の総称であって、地理的にはメキシコ南端のテワンテペック地峡からパナマ地峡までの地域を指す。グァテマラからパナマまでの7ヶ国に相当する。また、メキシコおよびアンティル諸島を加えて中部アメリカということもある。ベリーズは1981年にイギリスから独立した英語の国である。

　本書では、スペイン語が公用語となっている中米として6ヶ国をひとまとめにして扱う。北から南にかけてグァテマラ República de Guatemala、ホンジュラス República de Honduras、エルサルバドル República de El Salvador、ニカラグァ República de Nicaragua、コスタリカ República de Costa Rica、パナマ República de Panamá となる（人口の総計はスペインよりも少し多い約4,770万）。メキシコは北アメリカに含まれる。

14.1. 中米の略史

　これらの国々を一括した方言区域とするには、まだ全域を見据えた研究調査の不十分さもあって明確な共通の特徴をあげることは難しい。おおまかに一括するための理由はいくつかあろうが、まず歴史的に見ると、スペインの植民地であった時代には北側のグァテマラからコスタリカまではグァテマラのアウディエンシア Audiencia（総督領）に属していたし、総督領がスペインから独立した1821年のあとも中米連邦共和国としてひとつにまとまっていたことがあげられる（1839年に各国が分離した）。

　南端のパナマは長い間コロンビアの領土としてその影響を受け、コロンビアから独立するのは、運河建設に関連して1903年である。19世紀末、アメリカ合衆国はコロンビアの政情不安を利用してパナマの分離独立を図った。この流れによってパナマは1903年11月3日に独立する。そして合衆国は運河用の土地の永久租借権を取得した。成立したばかりのパナマ共和国は運河地帯で東西に二分されることになった。パナマ運河は1914年に完成する。その後、運河は合衆国によって運営されたが、1999年にパナマへ返還された。

中米はその歴史を反映して人種構成も多様である。グァテマラはマヤ系先住民の人口比率が50％を超え（600万人強）、ボリビア、ペルー、エクアドルとともにラテンアメリカで先住民人口の高い国となっている。白人は、50％（200万人強）を超すコスタリカを例外として、ニカラグァ、エルサルバドル、グァテマラ、パナマで10％強、黒人はパナマで10％強となっており、中米のほとんどの国でメスティソ（mestizo, za「混血児」）が大部分を占めている。このような人種構成は社会的階層と対応し、上層は白人、中間層は白人とメスティソの一部、下層はメスティソの大部分とインディオや黒人となっていて、各人種の間で複雑な対立がある。

14.2. 中米の音声面の特徴

S音法（5.）	起こっている。
Y音化現象（6.1.）	起こっている。単一発音は弱化。
文字b, d, gの発音（6.5.）	閉鎖音発音が目立つ。母音間のdの消失。
文字sの発音（5.1.）	気音化。
母音の発音（4.2.）	一部で語末母音が弱化。
文字rの発音（6.2.）	rrが一部で摩擦音化。
文字jの発音（6.2.）	気音化。
その他の発音	内破の閉鎖子音の変化。文字fの両唇音発音。

1）文字sの発音（5.3.）：中米の広い地域に共通の言語現象としては、まず、文字sに対応する発音の気音化がある。音節頭部の位置でも内破の位置でも起こっているが、グァテマラとコスタリカの中央部は例外である。
2）語末母音の発音（4.2. の7）：とくにエルサルバドルとコスタリカには語末の母音の発音が消えてしまう現象がある（noche [nóĉ], puente [pwént]）。
3）閉鎖子音の発音（6.5.）：内破の無声閉鎖音の発音がいくつかに変化している。母音化（perfecto [perféito]）、交替（concepto [konsékto]）、省略（concepto [konséto]）などの現象である。
4）無声唇歯音の発音（6.4.）：文字fに対応する発音は一般的に両唇摩擦音である。

14.3. 中米の文法面の特徴

ボス法（7.2.）	起こっている。
その他の待遇表現（7.3.など）	一部にウステ法（ustedeo）がある。
人称代名詞の用法（8.）	一部にレ代用法がある。与格・対格の交差現象。
名詞の用法（9.）	南北アメリカ・スペイン語の標準。
動詞の用法（10.）	完了過去（点過去）・現在完了・未来時制に要注意。
その他の用法	hastaの特別用法。焦点化の動詞ser。

1）ボス法（7.2.）：グァテマラからパナマの西部までで使用されている。人称代名詞vosはtú, ustedと共存する形で、各地で社会層ごとの相違を見せつつ複雑に使用されている。南端のパナマはコロンビアの影響下にあったこともあって、通常はtúとustedが使いわけられていてボス法は行なわれていないと説明されるが、コスタリカと接する西部では使われている。コスタリカでは家族の者たちの待遇表現はustedである。このような親称の用法をウステ法ustedeoと呼ぶこともある（7.1.の3）。14.6.「教養口語の例」の内容も参照のこと。

2）レ代用法（8.1.の1）：中米のほぼ全域で、人称代名詞のlo, los; la, las; le, lesの使い方は伝統的な用法と同じであるが、顧客との対応などの特別に丁寧な表現では、スペインの標準語のようなレ代用法がある（顧客に対する店員の対応の¿ya le atienden?「もうお伺いしておりますか」など）。

3）三人称代名詞の与格と対格の交差現象（8.1.の5）：これも一般的に観察されている（les dio la carta a los muchachos「彼はその手紙を若者たちに与えた」→ se las dio）。

4）代名詞hastaの特別な用法（11.1.の1）：hastaが点的な時を指す（el negocio abre hasta las 11 de la mañana.「その店は（ようやく）午前11時に開く」）。

5）過去の時制（10.5.）：完了過去（点過去）は終了した過去の行為をすべて表わす。現在完了は過去に始まったが現在まで続いている行為（he estado enfermo desde el lunes「私は月曜から病気です」スペインの標準語

なら estoy enfermo desde el lunes）や過去の行為を強調する場合（yo venía distraído por el camino y me he tropezado con un caballo「私はぼんやりして道を歩いてきたが、馬にぶつかってしまった」スペインなら me tropecé）に使われる。

6）未来の時制（10.3.）：未来の行為は普通、直説法現在か迂言法「ir + a + 不定詞」で表現され、未来時制の活用形は現在の行為に関する推測の意味を表現する（¿qué le pasará a Juan?「ホアンは何があったのでしょうか」）。

7）焦点化の動詞 ser：後退気味の傾向にあるものの、コスタリカとパナマには動詞 ser の珍しい用法がある。焦点化の用法である。これは一種の強調表現であり、たとえば lo vi en la tienda「私は彼に店で会った」が lo vi *fue* en la tienda になったり、me pegó en la mano「彼は私の手をたたいた」が me pegó *fue* en la mano になったりする。スペインの標準語における代表的な強調構文である分裂文（fue en la tienda donde lo vi; fue en la mano donde me pegó など）と似ている。この表現はコロンビアやベネズエラでも使われる。

14.4. 語彙面の特徴

　語彙の面では、地域共通の単語はあるが、語義が地域ごとに異なっていることもある。

1）特徴的な間投詞の idiay（← y de ahí）：これはグァテマラでは挨拶ことばとして、ホンジュラスやニカラグァでは質問の表現として使われているし、コスタリカでは縮約されて diay になったりするが、さまざまな意味を表現している（驚きの感嘆詞、質問の表現、挨拶ことばなどとして）。

2）語義の変化：スペインの伝統的な語形はもともとの語義で使われているが、なかには地域の特殊な事情で語義の変化したものがある。たとえば低地のほぼ全域が熱帯の気候であるから、verano は「乾期」（だいたい5月から11月）、invierno は「雨期」（だいたい12月から4月）を指すし、canícula は「暑熱」には関係なく、8月の不順な気候を指す。

3）カリブの先住民語系の語彙：中米の征服はカリブで生活してきた人たちによって行なわれた。それゆえアンティル諸語系の単語がよく使われている

(aji「トウガラシ」、bahareque「土壁」、barbacoa「バーベキュー」、guácimo「（軟らかい木の）グアズマ」、guayaba「（実）グァバ、バンジロウ」、macana「棍棒」、papaya「パパイヤ」など）。

4）ナワ語系の語彙：中米の入植はメキシコに滞在していたスペイン人によって行なわれたため、ナワ語系の単語も目立つ。しかし語形や語義に軽い相違も見られる。たとえばメキシコのatole「（トウモロコシ粉のおかゆの）アトレ」やguacamole「（アボカド・ソースの）ワカモーレ」が、中米ではatol, guacamolになっている。

14.5. コスタリカ

正式な国名	República de Costa Rica
人口	450万人（日本 1億2千8百万人）
国土	5万1千平方キロ（日本 37万8千平方キロ）
首都	San José
公用語	スペイン語
スペインの植民地時代	16世紀の中ごろからグァテマラの総督領
スペインからの独立	1821年（中米連邦共和国）、1838年（単一国）

　コスタリカRepública de Costa Ricaは太平洋とカリブ海にはさまれ、北でニカラグァと、東でパナマと接する小さな国である。首都はサンホセーSan José。国土は日本の九州と四国を合わせたほどの広さで、人口は450万ほど。スペイン系の白人とその混血（メスティソ）が人口の95％ほどを占める。自作農が中心になってできた国であるから、独立当初は貧富の差が小さかった。5月から11月が雨期estación verde（といっても、日に1時間ほどスコールが降るだけの季節）、12月から4月が乾期estación secaであるが、平均気温が年中22度強あたりで、とても過ごしやすい。豊富な動植物を擁する国立公園が国土の4分の1を占めており、エコ・ツーリズムが発達している。

　教育に力を入れていて、小学校（escuela）への就学率は100％であるという。午前と午後の二部制になっているので、首都サンホセーの住宅街の通りでは、朝の7時過ぎから登校する小学生の姿が見られる。しかし中等・高等

学校（colegio）では就学率が下がり、中等部で72％、高等部で43％となっている。

14.6. 教養口語の例（CD Track 2）

コスタリカの男性外交官にこの国を紹介してもらった。特徴的な語法を探してみよう。

1 — Costa Rica se caracteriza mucho... e... en la, en la forma en que se habla
2 el español, por ser parecido también al de Colombia. Prácticamente a veces
3 confunden a los costarricenses por colombianos. A excepto de la *ere*. Yo ya
4 no la tengo tan marcada, pero nosotros, cuando hablamos 'tres', 'tren'...
5 'traiga'... e... la *ere* nuestra es muy fuerte. Después... en... en general, es un..
6 es un español que no se habla tan rápido como en el Caribe. Usted ha visto
7 que en Cuba y en República Dominicana son muy, muy rápidos para
8 hablar, mientras que en Costa Rica por lo general son más pausados. No
9 hay tanta variación entre la montaña y la... y el valle, solamente en lado
10 atlántico, pero no ya hay... problemas que hablan en inglés, no... no es
11 diferente español, sino que es inglés... que son poblaciones cuyos ancestros
12 serán de Jamaica, y que a su vez venían de África, entonces... tenían como
13 idioma materno el inglés. El resto del país, excepto, digamos, de las
14 pequeñas colonias de extranjeros que hayan llegado hablan un... un español
15 bastante similar. No hay dialectos. Están los dialectos indígenas... que es
16 una población bastante reducida en el sur del país, sobre todo, en la
17 Cordillera Talamanca. Pero en general, digamos, es un español que se
18 comprende fácilmente en Centroamérica. Ya hay algunas palabras, sobre
19 todo, en el tema de la comida que con Sudamérica cambia, o algunas
20 expresiones nuestras que tienen un significado totalmente contrario en... en
21 Sudamérica. No hacemos la... la *ele*... como la argentina... o sea, nunca
22 pronunciamos [šo] en vez de [žo], [žo, žamo], nunca [šo, šamo] en esta parte
23 no... no... no hacemos diferencia. Y tampoco como en España el uso de la
24 *zeta* o la *ce*... no hacemos diferencia. Hablamos corridamente, aunque sí se
25 respeta la... la gramática, la ortografía... se hace la diferencia entre *ces y*

26 *zetas*... eso sí. — ¿y el voseo? — Sí, se usa mucho el voseo... e... sobre todo
27 en la capital, y toda gran área metropolitana. No se usa tanto el 'tú'. Se usa
28 el 'usted'... si es que muy formal, o el voseo para una relación un poco más
29 cercana. Por lo general ese voseo sólo si se conoce a la persona. Si no,
30 preferiblemente se usa el 'usted', aunque, sí, en algunos países el 'usted' es
31 muy distante... en nuestro caso no. O sea, yo puedo hablar a mi hermano de
32 'usted', y no se va a sentir ofendido, no se siente ofendido, mientras que si
33 yo lo uso con un... un amigo argentino, se va a sentir... muy ofendido, porque
34 no le doy (?) el espacio que se... se espera, ¿no? En cambio, nosotros usamos
35 'usted'... y al interno, también, de la familia... Este... no... no marca una
36 distancia para nada.   — Hum, hum... ¿No se usa en la familia, entre los
37 miembros de la familia... el pronombre 'tú'?   — Normalmente, no. Se usa
38 'usted' o... 'vos'. Se habla mucho de 'vos', y... pero... el 'tú', no. Hay algunos
39 sectores, que ahora están comenzando a usarlo... sobre todo si han vivido
40 en el extranjero, que han regresado a Costa Rica, como mi caso por la
41 influencia del italiano, o(u) otros idiomas, que se usa 'tú'. Pero es difícil
42 escucharlo. Yo, cuando estoy en San José, no... no es que lo escucho a
43 menudo, y cuando yo lo uso, suena extraño para lo(s) demás. — Ah... — Sí...
44 sí, sí. Después... no sé.. qué otro... argumento le interesaría. Como deporte,
45 ustedes saben que estamos ahora bastante... contentos de que el equipo de
46 Costa Rica volvió a clasificarse para el mundial de fútbol, que es el deporte
47 más común, y van... a jugar en Alemania en primer partido. E...

14.7. 問題

1）発音

a. 1行目や5行目にある文字fはどのような発音になっているだろうか。
b. S音法の発音に気づかれる行と単語を3ヶ所指摘しなさい。
c. Y音化現象に気づかれる行と単語を指摘しなさい。
d. 内破音のsの発音に特徴的な発音に気づかれる行と単語を3ヶ所指摘しなさい。
e. 4・5行目に子音群trの発音のことが話されている。内容を説明しな

さい（cf. 6.2. の 2）。
   f. 21行目の 'ele' とはどの文字のことか。また、どういう発音のことか。
   g. 23行目で言われているスペインでの発音とはどのような発音のことか。
2）**文法**
   a. 13・14行目には話しことば特有の非文法的な表現がある。何か。
   b. 26行目から待遇表現の興味深い説明がある。ボス法とトゥ法の使用頻度、そしてustedの使い方を要約しなさい。
3）**内容**
   a. コスタリカのスペイン語はどこの国のスペイン語に似ていると言われているか。
   b. 話すスピードはコスタリカとキューバでは、どちらが速いと言われているか。
   c. カリブ海側に英語を話す人たちがいるという。どこから来た人たちか。
   d. コスタリカで一番盛んなスポーツは何か。

アボカド

「アボカド」とは熱帯アメリカ原産の果樹とその果実のことです。クスノキ科の25メートルほどになる常緑高木で、古くから栽培されています。その果実は黒ずんだ緑色で形は洋梨(ヨウナシ)に似ています。

　スペインのアカデミア（Real Academia Española）の辞書にはavocadoが登録されていますが、それはフィリピンのスペイン語における用法であり、語源は「おそらくカリブ語から」となっています。英語にはこれが入っていてavocado「アボカドノキ、アボカド」となっています。アボカドという名前は、おそらく日本には英語から借用されたのでしょう。

　他方、スペインの標準語では外来語でaguacateと呼ばれていますが、これはメキシコから南米北部で使われることばです。ナワ語のahuacatl「アボカド、睾丸」からスペイン語に入りました。南米南部ではパルタ palta（実、同義のアイマラ語palthaから）、パルト palto（木）と呼ばれています。

15. カリブ海域とキューバ

　カリブ海域でスペイン語圏に属する国は、アンティル諸島で最大の島を占めるキューバRepública de Cuba（1,130万人）、その東隣の島の東側にあるドミニカRepública Dominicana（980万人）、またその東隣の島のプエルトリコPuerto Rico（現地名Borinquén、スペイン語の旧名San Juan、アメリカ合衆国の自由連合州Estado Libre Asociado、約300万人）である。

15.1. カリブ海域のスペイン語
　歴史的に見て、南北アメリカ・スペイン語が平準化した最初の機会は、アンティル諸島における16世紀のおよそ1世紀間であった。この時代の初期には、渡来したスペイン人の多くがイベリア半島南部の出身者であったため、そこで形成された共通スペイン語はアンダルシア方言の特徴を色濃く残すものとなった。つぎにやってくる征服の時代（16世紀前半）には、アンティル諸島で新大陸アメリカ風になった（acriollado）人たちが自分たちのあいだで共通語となりつつあるスペイン語を南北の大陸に運んでゆく。さらに、それに続く入植の時代にはイベリア半島の北中部からの人々が多くなり、大陸部では彼らがもたらした言語様態とアンティル諸島で形成された共通語の様態が共生し、土地ごとに異なるさまざまな条件に従って新たなスペイン語規範が形成されてゆくことになる。その変化過程で特筆に値する現象はS音法であろう。アンダルシア系の特徴であってアンティル諸島で共通語化したこの現象は、南北の広大なスペイン系アメリカの全土で使用される唯一の音韻的現象になっている。また、アンティル諸島に渡っていったスペイン人のなかで忘れてはならないことに、カナリア諸島の人たちの存在がある。彼らの多くはセビリアで渡航申請をすることなく直接渡っていった。カナリア諸島は長い間、スペインとスペイン系アメリカの航路の中継地点でもあったから、その移住や往来は継続的に行なわれた。カリブ海域のスペイン語にカナリア諸島の言語様態がうかがわれるのはそのためである。それと同時に、カリブ海域に独特の単語がカナリア諸島で使われることにもなっている。

15.2. カリブ海域のスペイン語の研究

　スペイン系アメリカに関する科学的な方言学的研究は、Navarro Tomás の *El español en Puerto Rico* によって始まる。彼は1927年と28年に行なった調査の結果にもとづいて展開した論考を1948年に発表した。同書の初版である。これに続く多くの研究の成果を総合して、今日のカリブ海域のスペイン語のさまざまな特徴が確認されてきた。そこにはＳ音法（第5課）、Ｙ音化現象（6.1.）、内破音ｓの発音の気音化と消失（5.3.）、二人称複数の代名詞の欠落（7.1.）など、その他の地域の南北アメリカ・スペイン語と共通の特徴が多く見られる。

15.3. カリブ海域の音声面の特徴

Ｓ音法（5.）	起こっている。
Ｙ音化現象（6.1.）	起こっている。
文字b, d, gの発音（6.5.）	母音間閉鎖音の弱化。
文字ｓの発音（5.1.）	内破の位置や母音間で気音化。
母音の発音（4.2.）	分立母音の二重母音化。強勢母音の長音化。
文字ｒの発音（6.2.）	はじき音のr, rrの歯擦音化と軟口蓋音化。
文字ｊの発音（6.6.）	弱化。
その他の発音	文字chの発音が摩擦音化。文字fの発音の両唇音化。

　1）連続母音の発音（4.2.）：一般的な現象として、分立母音の二重母音化（pasear [pasjár]）があるが、その逆の現象である二重母音の喪失（veinte [bénte], treinta [trénta], aprietas [aprétas] ← apretar「締めつける」）も記録されている。
　2）強勢母音の発音（4.2.）：この母音の発音が長められる現象がある。とくにドミニカのスペイン語で目立っている。
　3）母音間有声閉鎖音の発音（6.5.）：この発音は一般的に弱化しているが、とくに歯音の場合にその弱化や消失が頻繁に起こっている（melado [meláo]「（サトウキビの）糖蜜、シロップ」、dedo [déo]）。しかし教養語の規範としては、この弱化と消失は認められていない。

4）**無声唇歯摩擦音の発音（6.4.）**：文字fの摩擦音発音は一般的に、唇歯音と両唇音が並存している。そしてその両唇音発音はとくに二重母音の /wé/ が後続する場合に強くなる（fuera, fue, fuego, fuerzaなどのf）。

5）**s- の発音（5.4.）**：音節頭部の位置で母音にはさまれるsの発音は、とくにドミニカのスペイン語で気音化する現象が目立つ（la semana pasada [lahemánapaháa]、ese [éhe] などのs）。

6）**はじき音の発音（6.2.）**：単震音 [r] と多震音 [r̄] の発音については、キューバで歯擦音になる傾向があるし、プエルトリコでは軟口蓋音化した発音が行なわれている。

15.4. カリブ海域の文法面の特徴

ボス法（7.2.）	残っていない。
その他の待遇表現（7.3.など）	スペイン系アメリカの標準語と同じ。
人称代名詞の用法（8.）	leの中和現象。レ代用法。与格と対格の交差現象。
名詞の用法（9.）	南北アメリカ・スペイン語の標準。
動詞の用法（10.）	「estar + 現在分詞」の迂言法。
その他の用法	複数形の形態素。語順。

1）**複数形の形態素（9.2.）**：標準型のajies, ajisがajises（現地の発音では[ahíse]）やcafeses（現地の発音では [kaɸése]）と共存している。

2）**語順（11.6.）**：強調の意味で「主語＋動詞」の語順が目立つ（¿Dónde tú vives?）。

3）**レ代用法（8.1. の1）**：使用が最近ふえてきている（Tengo el gusto de invitarle...）。

4）**代名詞leの数の中和現象（8.1. の4）**：カリブ海域に限定される現象ではないが、この中和現象が起こっている（Le dije a los estudiantes...）。

5）**三人称代名詞の与格と対格の交差現象（8.1. の5）**：この現象も見られる（Les di el libro a ellos. → Se los di.）。

6）**迂言法の拡大（10.8. の3）**：「estar + 現在分詞」の迂言法が、直説法の現在や未来の時制形の代わりによく使われる（está saliendo = sale, saldrá）。

15.5. 語彙の特徴

1）先住民語系の要素：アラワク語（タイノ語）・カリブ語系の単語が目立つ（barbacoa, cacique「部族長」、caimán「(ワニ)カイマン」、canoa「カヌー」、caoba「マホガニー」、carey「ウミガメ」、hamaca「ハンモック」、maíz, piragua「丸木舟」、sabana「草原、サバンナ」など）。

2）アフリカ語系の要素：その歴史的必然性（黒人奴隷の搬入）から当然のことながら、カリブ海域のスペイン語にはアフリカの様々な言語を起源とする言語要素（単語など）が入っている。しかしプエルトリコではその使用が減少している。ある調査によると、1974年に発表されたアフリカ語系の単語131語のうち、20世紀末でも使われ続けているのはその3割弱である。

15.6. キューバ

正式な国名	República de Cuba
人口	1130万人（日本 1億2千8百万人）
国土	11万1千平方キロ（日本37万8千平方キロ）
首都	La Habana
公用語	スペイン語
スペインの植民地時代	15世紀末から19世紀末までスペインの直轄地
スペインからの独立	1898年（大陸部より80年ほど遅れた）

　キューバ共和国は日本の3分の1弱の広さの、カリブ海で最大の島である。植民地時代はスペインの植民地支配のための重要なベースキャンプであり、その直轄地であった。首都はハバナLa Habana。人口は約1,100万人で、その6割が白人、1割が黒人、3割が混血である。中国人も目立つが、彼らは19世紀に北アメリカの鉄道敷設や鉱山の労働者としてやってきたが、仕事が終ると移動してきて住みついている。また、ヨーロッパ系の白人のなかには、この国の政治的特徴からポーランドやウクライナの出身者が含まれている。20世紀の後半に移住してきた。この点はカリブ海域のほかの島と異なっている。

1959年のカストロ Fidel Castro による社会主義革命に関連して、百万以上の人々が北米に亡命した。彼らやその子孫はおもにフロリダ半島のマイアミに住んでいる。この町は現在、南アメリカとアメリカ合衆国の経済的・文化的な交差点になっている。

　キューバは北方の大国から様ざまな影響を受けている。ほかのスペイン語圏では使われていない独特の英語系のことばがあるし（al cash「現金払いで」など）、導入された野球が国民的スポーツとなっている。だから日本と同じように、野球用語が日常語のなかで使われている（batear de jonrón「ホームランを打つ」→「（事業などで）大成功を収める」、quedarse con la carabina al hombro「カービン銃を肩にする」→「（野球）三振する」→「（予定していたことが起こらないので）がっかりする」、jit「ヒット」→「成功」など）。

　また、その歴史的な事情から、アフリカ系の文化が浸透している。なかでもキリスト教と混成した宗教であるサンテリア santería はこの国の特徴的な民間信仰となっているし、男性だけの互助会のアバクァー abakuá もある。

　さらに、その政治体制から、独特のことばが使われていて、そのスペイン語は南北アメリカのスペイン語圏でかなり異色な響きを持っている（agusanarse「虫に食われる」→「革命政府に反対の姿勢を取る」など）。

15.7. 教養口語の例（CD Track 3）
　キューバの女性外交官にたずねてみた。特徴的な語法を探してみよう。

1 　— ¿Qué es el deporte más popular... en Cuba?
2 　— Jaján... en Cuba, el béisbol. Es el deporte nacional, y además el más
3 popular. Hay una tradición beisbolera... de muchos años. e... No es solo
4 exclusivo del sexo masculino, sino que en las edades infantiles las niñas
5 también comparten terrenos con los... con lo... los varones... y se forman
6 equipos mixtos. Esto, digamos, en práctica, usual, ¿no?, cotidiana. Claro,
7 somos muy criticadas por los varones, porque dicen que somos muy malas.
8 Pero... jeje... no importa. Nunca desmayamos. Y... realmente... eh... si se
9 practica mucho el béisbol, creo que prácticamente todos los cubanos, el que
10 alguna vez no ha estado en un estadio lo ha visto por la televisión... En... en

11　cualquier lugar hay una acera, en un parque, en la calle, cuando no hay
12　tráfico, los niños juegan al béisbol, en los estadios ... y bueno, realmente sin...
13　pecar de... de chovinismo. Pero, bueno, el equipo realmente es bueno, o sea,
14　somos muy buenos con el béisbol, pero a base de mucho entrenamiento,
15　mucho esfuerzo. Y eso es algo que realmente nos enorgullece mucho.
16　— ¿Cuánto tiempo lleva usted aquí en Japón ya? — Llevo cuatro meses en
17　Japón, — recién llegada... — sí, es mi primera oportunidad aquí en el país...
18　— entonces su español es muy viva......—... Sí, realmente, o sea, en Cuba con
19　el idioma español pasa como en cualquier país... e... hay maneras y maneras
20　de hablar el español, o sea, es lo que es... geográficamente el territorio
21　cubano no se habla el español con el mismo acento en todos los lugares.
22　En... la manera un poco en que le hablo es la zona occidental... En la zona
23　oriental... e... solemos decir... un poco que... en broma... que cantan... porque
24　la entonación varía. Y se dice en la zona central de la Isla, lo que es
25　Camagüey, es donde mejor se habla el español, es donde mejor
26　pronunciación hay. Nosotros tenemos una costumbre de aspirar las *eses* al
27　final de la palabra, y entonces, por ejemplo, no las pronunciamos cuando
28　son plurales. Y en el caso de las *eres*, muchas veces se sustituyen por *eles*.
29　Entonces... la gente se ríe mucho porque además hablamos muy rápido.
30　Entonces una frase muy... e... simpática que suelen decir es... por ejemplo,
31　"etequetaquietrá". — Jajá... — que significa "este que está aquí detrás", pero
32　como... — otra vez, por favor — "etequetaquietrá". Entonces ustedes le
33　preguntan "¿Quién eeees... Juan Pérez? — Etequetaquietrá". Y pueden no
34　comprendernos, o sea, realmente a nivel popular se suele hablar bastan,
35　bastante rápido, y no siempre la pronunciación es e... muy precisa. E...m...
36　y... también, bueno, los jóvenes tienen su... su idioma un poco callejero, ¿no?,
37　con sus términos propios de esa edad, que después, cuando crecen, pues los
38　suelen desechar. Pero... pero ya es así... pero en general, o sea, en... no es
39　difícil el, la comunicación, digamos, incluso con el resto de los países
40　latinoamericanos, a pesar de que hay muchos términos... e... que se
41　diferencian. Por ejemplo, en Cuba usted dice "guagua", y "guagua" significa
42　el 'bus', el 'autobús', y en Latinoamérica "guagua" es un 'niño pequeño'.

15.8. 問題

1）発音
   a. 内破音 s の発音の気音化と消失の現象を観察し、その場所を3ヶ所指摘しなさい。
   b. 3行目と13行目に文字 ch を含む単語がある。その発音をスペインの標準発音と比べてみよう。
   c. 7行目の母音間有声閉鎖音を聞いて、その発音の特徴を述べなさい。
   d. 全体で、多震音の発音について、気づかれた特徴を述べなさい。
   e. Y音化現象について、その代表的な発音の行と単語を指摘しなさい。
   g. 31行目に出ている "etequetaquíetrá" の発音ではどんな現象が起こっているのか説明しなさい。

2）文法
   a. 10行目の、会話体ゆえの非文法的表現を探しなさい。
   b. 24行目には接続詞 que の省略がある。どこに入るべきかを指摘しなさい。

3）語彙
   a. 3行目の 'beisbolero, ra' の意味を調べ、その語形成の仕組みを説明しなさい。
   b. 42行目に出ている2種類の 'guagua' の意味とそれぞれの使用地域を調べなさい。

4）内容
   a. キューバの国民的スポーツは何か。
   b. 女の子が野球をするのは、キューバでどのように受け取られているのか。
   c. この女性は日本でどれほど過ごしているか。
   d. 26行目で言っている現象はどのようなものか。
   e. 28行目で言っている現象はどのようなものか。
   f. 34・35行目で言及されているキューバのスペイン語の特徴は何か。

16. コロンビア

正式な国名	Repúlica de Colombia
人口	4460万人（日本1億2千8百万人）
国土	113万9千平方キロ（日本37万8千平方キロ）
首都	Bogotá
公用語	スペイン語
スペインの植民地時代	1717年から Virreinato de Nueva Granada
スペインからの独立	1819年（1886年）

　コロンビアは南アメリカ大陸の北端に位置する国で、国土は日本の約3倍、人口は日本の約3分の1強の4,460万人である。良質のコーヒーとエメラルドで有名な国であり、その首都ボゴターBogotáは、かつて、南米のアテネとも呼ばれた学芸文化都市である。

　16世紀の前半にスペイン人がこの地にやってきた頃、ここにはチブチャ系のムイスカ族の国があった。その首都バカターBacatáが、スペイン人たちによってボゴターBogotáと改名され、現在の首都の名前になっている。その後、植民地時代に入るが、18世紀になると入植者たちも増え、さらにイギリスがカリブ海に横行していたので、その対策としてスペインは1717年にボゴターSantafé de Bogotáを首都とするヌエバグラナダ副王領 Virreinato de Nueva Granada を設置し、それまでこの地を管轄していたペルー副王領から分離した。

　19世紀に入ると、メキシコ、ベネズエラ、ラプラタ地方などで独立運動が始まったが、コロンビアでもベネズエラの運動と呼応する形で独立戦争が始まった。1819年には、南米北部の独立運動を主導しているボリバルSimón Bolívarの集権主義の理想通り、ベネズエラやエクアドルとともに大コロンビア共和国として独立したが、この国はその後、連邦派の力によって分裂し、1832年にひとつの国になった。1886年以降、現在のようなコロンビア共和国となっている（当時はパナマも含まれていた）。

16.1. コロンビアのスペイン語研究

　この国は南北アメリカ・スペイン語の本格的な記述研究の先駆けとなるコエルボ Rufino José Cuervo（活動は19世紀後半）を世に送り出した。その後、コロンビアにおけるスペイン語研究には空白期間があるが、20世紀の中頃（1942年）、ボゴターに国立の国語研究機関であるカロイコエルボ研究所（Instituto Caro y Cuervo）が設置されて着実な研究が続けられ、20世紀後半には膨大な言語地図が完成された（「コロンビア言語民族地図」：ALEC, Atlas lingüístico-etnográfico de Colombia）。この国のスペイン語を研究するときの第1級の資料となっている。

16.2. コロンビアのスペイン語

　コロンビアではスペイン語が人口の95％以上の人たちの母語になっている。他方、60種類以上の先住民語が使われていて、その使用地域では公用語のようになっているが、国全体では社会的な重要度が低い。
　カロイコエルボ研究所によって作成されたコロンビア言語民族地図を分析することで、コロンビアには2種類の上位方言が存在することが判明する。沿岸部（低地）の方言と中央部（高地）の方言である。

音声面の特徴

	沿岸部の方言	中央部の方言
S音法（5.）	ある。	
Y音化現象（6.1.）	単一発音の弱化。	東部で不在、単一発音の弱化。
文字 b, d, g の発音（6.5.）	太平洋側で [d] が [r]。	母音間で弱化。
文字sの発音（5.1.）	内破音の消失など。	内破音・母音間での気音化。
母音の発音（4.2.）	南北アメリカ・スペイン語の標準。	
文字rの発音（6.2.）	内破の位置でlと中和。	発音は維持。
文字jの発音（6.6.）	弱化。	
その他の発音	南北アメリカ・スペイン語の標準。	

文法面の特徴

	沿岸部の方言	中央部の方言
ボス法（7.2.）	太平洋側でvos。	わずかに存在。
その他の待遇表現（7.3.など）	カリブ海側でtú。	東部でsu merced、ustedeo。
人称代名詞の用法（8.）	複数指示のle。	再帰代名詞の –sen。
名詞の用法（9.）	複数語尾のcafeses。	特別な用法はない。
動詞の用法（10.）	hacerの無人称表現。	無人称表現の複数化はない。
その他の用法	太平洋側で副詞の重複用法。	焦点化の動詞ser。

　ひとつは沿岸部の上位方言である。その代表的な特徴であるが、音声面では、内破音 -s の気音化・消失（[éjoh] ellos, [míhmoh] mismos）、それと関連する後続有声子音の無声化（[lah ɸáka] las vacas「（複数）雌牛」）、後続無声閉鎖音への同化（[wíkki] whisky, [díkko] disco）がある（5.3.）。しかし母音間のsの発音は比較的よく維持されている。内破の -r と -l の発音が中和している（6.2. の4）。また、Y音化現象もあるが、その唯一の発音は弱まっている（[káje] calle, [ójo] hoyo「くぼみ」）（6.1.）。文法面では、沿岸部では共通して、動詞hacerが時間の経過を表現する無人称表現において複数形が使われる（hacen veinte años「20年前に」など）（10.7.）。

　コロンビアの沿岸部といえば、北の大西洋側（カリブ海側）の沿岸部と西の太平洋側の沿岸部がある。この両者の方言の大きな違いには親称の待遇表現がある。カリブ海側ではトゥ法（tú）が使われ、太平洋側ではボス法（vos）が使われている（7.2.）。太平洋側の方言を特徴づける現象としては、ほかに、アフリカ諸語の影響かもしれない現象として、子音の /d/ の発音が [r] になることや（maduro [marúro]「熟した」）、副詞の重複表現（Él sí me dijo sí.「彼はそうだと言いました」、Él no lo trajo no.「彼はそれを持ってこなかった」）などがある。

　もうひとつの上位方言は国の中央部のアンデス地方のものである。ここでは、かつて内破の位置にあるsの発音が標準的に維持されていたが、20世紀末に行なわれた調査によると、その気音化が進んでいるし、他方では母音間

のsの発音も気音化したり消失したりしている（[nehesíta] necesita; [nohótroh, noótro] nosotros）。-rと-lの発音はしっかり区別されているし、語末のrも維持されている。文法面で沿岸部の上位方言と異なるのは、無人称表現での動詞の複数形（*hacen* años「何年か前に」）が使用されないことと、代名動詞（再帰動詞）が複数形を表示するためにnが付加されてsentarsen「（彼らが）座ること」のようになることがある。

　中央部の上位方言も2種類の下位方言に分けることができる。ひとつはアンデス地方西部のものであるが、この方言の特徴としては、Y音化現象、子音rの単震音と多震音の標準発音の維持、語末や音節末でのrの多震音発音、ケチュア語系語彙の多用などである。もうひとつの下位方言は、首都を含むアンデス地方東部のものである。ここでは文字llと文字yの発音が区別されている、すなわちY音化現象の不在が特徴となっている。とはいえ、この地方の中心地でもある首都のボゴターは、もはやY音化現象の地帯となってきている。rの単震音と多震音には摩擦音や歯擦音が頻繁に起こっているが、それに関連する子音群trの破擦音化は少数派であり、ボゴターでは評判がよくない。また、この方言地帯の一部では、動詞serを使う強調表現が使い続けられているし（mi hermano estudia *es* en Nueva York.「私の兄が勉強しているのはニューヨークです」の表現形 cf. 14.3. の7）、距離を置く親称の古い待遇表現であるsu mercedが使われている（7.3.）。

16.3. 特徴的な語彙

　コロンビアの首都ボゴターで使われている特徴的な語彙として、以下の単語がある。カッコのなかはスペインの標準語の情報である。

　afán「急ぐこと」（「熱意」）、almuerzo「昼食」（comida）、alud「土砂くずれ」（「雪崩」）、amañarse「気分よく満足する」（「巧みである」）、asi（接続詞でaunqueに相当）、auyama「（アメリカ・カボチャの）アウジャマ」、a ver「（電話を受けて）ハイハイ」（「どれどれ」、電話ならdígame）、bobo, ba「ばか（な人）」（tonto, ta）、bocadillo「（guayabaの実で作られる羊羹のような）ボカディジョ」（「（ハムなどを挟むサンドイッチの）ボカディジョ」）、campero「ジープ」（todoterreno）、carro「自動車」（coche）、chévere「素晴らしい」（muy bueno, na）、chino, na「（ケチュア語形で軽蔑的なニュアンスや親愛の気持ちを含む）子供」（「中国人」）、colmo「行き過ぎ、過度」

(「絶頂」)、copetón「(後頭部から後方に一束の毛がはねている一種のホオジロの)コペトン」(copete「前髪」)、corbata「閑職の役人など」(「ネクタイ」)、culebra「借金取り」(「ヘビ」)、demorar「滞在する」(「手間取る」)、dictar「授業をする」(「口述する」)、educador, dora「(小学校などの)先生」(maestro, tra)、esmeraldero「(コロンビアの代表的な鉱物資源を取り扱う)エメラルド業者」、estampilla「切手」(sello)、fritar「(油で)揚げる」(freír)(なお、揚げ物はfritanga、揚げ物屋はfritanguería)、gamín「(フランス語系)浮浪児」、invierno「雨期」「冬」、joder「困らせる(性的な意味はない)」(「性交する」)、lechero「(鈍行の)飛行便」(「牛乳配達人」)、lonchería「食堂」(restaurante)、lustrabotas「靴磨き」(limpiabotas)、once(s)「おやつ、間食」(「(数字の)11」)、palanca「つて、縁故」(「てこ」)、parqueadero「駐車場」(aparcamiento)、pena「恥かしさ」(「罰」)、pendejo「バカ、小心者(性的な意味はない)」(「陰毛」)、perico「ミルク入りコーヒー、(スクランブルの)オムレツ」(「インコ」)、provocar「(食欲などを)そそる」(「挑発する」)、regio, gia「とても素晴らしい」(「王様の」)、res「牛」(「四足獣」)、sifón「生ビール」(「サイフォン」)、tanquear「(車に)ガソリンを入れる」(repostar)、tinto「(小さめのカップでお茶のように飲む、ミルクなしで山ほど砂糖を入れるコーヒーの)ティント」(「着色した」)、vaina「もの、こと」(「豆のさや」)、verano「乾期」(「夏」)。

16.4. 教養口語の例（CD Track 4）

　コロンビアの中年女性に、この国の代表的な料理であるアヒアコajiacoの作り方を教えてもらった。特徴的な語法を探してみよう。

1 ― Entonces, señora Margarita Plata, eh... cuénteme, o cuéntame cómo se
2 prepara el ajiaco.
3 ― Necesitas una olla grande, un cucharón de palo. Necesitas tres clases de
4 papa... distinta. Una que se deslíe cuando la echas en la so... en el agua
5 caliente, otra que no se deslíe y queda entera, pero esa es tajadita, y una
6 que solamente existe en Colombia, que es la papa criolla. Esa es la papa
7 amarilla. Esa se desbarata completamente, y le da ese color como... no
8 completamente amarillo, sino como entre blancuzco y amarillo a la sopa.

9   Bueno, pones a calentar todo eso allá, y... por supuesto, si está clarita la
10 sopa, más papa de la que se desbarata. Te debe quedar espesa la, la sopa.
11 ¿Por qué? Porque a esa sopa tú le vas a poner, se llama 'ajiaco', ¿no? A ese
12 ajiaco le vas a poner pollo, que has cocinado, en el... y en el caldo de ese
13 pollo cocinas el ajiaco. Has cocinado, lo dejas aparte, y lo deshilachas. Lo
14 partes en pedacitos, digamos. Generalmente usamos más la pechuga que el
15 pernil, porque la pechuga tiene más carne. Y el, el pernil es casi que
16 individual. Antiguamente usaban el pernil, porque la gente cogía su pernil y
17 se comía a la mano, pero hoy en día, como ya no hay mesas donde uno se
18 sienta, las catorce personas, sino en una mesita chiquita o en la mano,
19 entonces, todo ya viene picado. Entonces, por eso, el... la pechuga, porque la
20 pechuga trae más carne, y es más fácil, más abundante la q... lo que puedes
21 poner en... en el ajiaco. Entonces tienes ya eso, le vas a echar... eee...
22 alcaparras, con un poquito del jugo. ¿Sabes cuáles son las alcaparras? En
23 inglés se llaman 'capers'. — Ah, 'capers'. — No sé... en japonés. — Habrá,
24 habrá.   — De la pequeñitica, o de la grande, no importa. El sabor es el
25 mismo. Le vas a picar aguacate, así pequeñito. Le vas a echar mazorca,
26 desgranada mejor, por la misma situación, de que no tienes cómo apoyar el
27 plato, entonces desgranados, y se prepara un ají, bien picantico, rico, crema
28 de leche. Entonces tú echas todo esto aquí en la, en, en esa sopa espesa, y
29 luego le pones la crema de leche. Entonces la crema de leche y el jugo de
30 la alcaparra licúan mucho la, la sopa. Lo sirves con pan... tajado, y no
31 necesitas nada más, ni arroces, ni..., si quieres hacer una entrada, no,
32 entrada no le hacemos nada de eso. Un postre, postre bien colombiano.
33 — ¿Por ejemplo?
34 — Por ejemplo, hay un postre que se llama 'majadero'. — 'Majadero'. — Y
35 tú sabes lo que es 'majadero', ¿no? — Sí... — 'Majadero' es como 'tonto',
36 como aaaay, eso es tan fácil 'majadero', ¿uh?, y es un majadero, es un huevo
37 perico. ¿También sabes qué es el huevo perico?, el huevo batido. Es un
38 huevo perico cocinado en almíbar, de agua y azúcar, nada más. — uuuhh...
39 — Entonces, pones el almíbar, y cuando ya esté caliente, ya tengas
40 almíbar... Haces el almíbar de agua y azúcar. No muy espeso, porque aquí

41 [日本では] no les gusta mucho el azúcar dulce, dulce, ¿no?, ¿verdad? — No.
42 — Entonces, que... te quede más bien clarito. Bates huevos como si fueras...
43 vas a hacer pericos. Haces huevos revueltos, y los echas. Y entonces,
44 empiezas con el palo a dividirlo para que te quede como islitas. No más. Lo
45 dejas enfriar y lo sirves.

16.5. 問題

1) 発音
  a. S音法の気づかれる行と単語を３ヶ所示しなさい。
  b. Y音化現象の気づかれる行と単語を示しなさい。
  c. 内破音sの発音を聞き分け、特徴的な発音のある行と単語を３ヶ所指摘しなさい。

2) 文法
  a. 全般に示小辞が使われている。その単語を指摘し、その意味を推測しなさい（5行目、9行目、18行目、24行目、27行目など）。
  b. 44行目には南北アメリカ・スペイン語に独特な副詞句がある。どれか。また、スペインの標準語の、それと同義の表現は何か（38行目に出ている）。(cf. 11.5. の２)

3) 内容
  a. ajiacoとはどのような料理なのか。その特徴を説明しなさい。
  b. 6行目のpapa criollaはどのような意味になるのか、推測しなさい。
  c. 13行目のcocinar、22行目のjugo、27行目のajíは米系西語である。スペインの標準語の同義語は何か。
  d. 23行目の英語capersとは「（南欧原産の落葉低木で、その白い花のつぼみをピクルスにした薬味の）ケイパー、ケッパー」であるが、スペイン語では何と呼ばれているか。
  e. 36・37行目のhuevo pericoはどういう意味か（16.3. の「特徴的な語彙」を参照のこと）。

17. ベネズエラ

正式な国名	República Bolivariana de Venezuela
人口	2790万人（日本 1億2千8百万人）
国土	91万2千平方キロ（日本37万8千平方キロ）
首都	Caracas
公用語	スペイン語
スペインの植民地時代	コロンブスの時代から
スペインからの独立	1819年（最終的には1830年）、Simón Bolívar

　ベネズエラは南アメリカ大陸北端部にある共和国であり、正式な国名にはこの地方の独立の主人公であるボリバルSimón Bolívarの名前が含まれている（日本でも正式に「ベネズエラ・ボリバル共和国」と呼ばれることがある）。北はカリブ海に面し、東はガイアナ、南はブラジル、西はコロンビアと国境を接している。面積は日本の約2.4倍であるが、人口は日本の4分の1ほどの2,800万人弱である。首都はカラカスCaracas。この国の南東部からブラジル北部にかけてギアナ高地（Guayana）が広がっている。世界最古の陸地（ゴンドワナ大陸）の一部であり、豊富な地下資源を埋蔵するが、熱帯雨林におおわれているので開発は遅れている。

　ベネズエラの海岸には、コロンブスが第3回目の航海で到着した（1498年）。そこは南アメリカ最初のスペイン植民地になった。当時、そこには約30万人の先住民が住んでいたとされている（アラワク族やカリブ族）。黄金の出ない辺境の地であったが、熱帯の農産物の生産と交易で発展していった。行政的には18世紀の後半に一応の統合が行なわれ、それが独立運動の基盤となる。カラカス生まれのボリバルの活躍によって、1819年に大コロンビア共和国República de la Gran Colombiaとして現在のエクアドルやコロンビアとともに独立したが、ベネズエラは1829年にそこから分離し、1830年からベネズエラ共和国となって現在に至る。今日では南米を代表する産油国であり、それに関連してアメリカ合衆国との経済的・政治的な関係が微妙になっている。なお、ボリバルは南米をスペインから解放したことで「解放者」el Libertadorと呼ばれている。

17.1. 国土と人々

　国土は4種類の地域に分けられる。（首都カラカスをはじめとしてベネズエラの主要都市が集中している国の核心地域の）ベネズエラ高地、（西はコロンビアとの境をなす低地で世界的油田のあるマラカイボ湖を含む、北西部の）マラカイボ低地、（南アメリカ第三の大河オリノコ川 el Orinoco 流域の平野で全国土の約3分の1を占める中央平原の）リャノス Llanos、（オリノコ川の南にあって国土の約半分を占めるが、人口は国民のたった3％の）ギアナ高地である。

　人種的には、メスティソ（mestizo, za 白人と先住民との混血）がもっとも多くて7割弱、白人は2割強、黒人は約1割。先住民はわずか2％であり、ギアナ高地とマラカイボ湖西岸（ここにカリブ系のクマナー族が含まれる）に居住する。

　教育は、政府が力を入れ、国家予算の1割をあてている。就学率は8割を超えているし、非識字率も国民の数パーセントであろう。豊かな石油資源に恵まれているので裕福な国のように考えられているが、実際には貧富の差が甚だしく失業者も多い。農村から都市に大量の人口が流入し（都市人口は全人口の8割以上）、都市の周辺には貧民街が形成されている。

　スペイン語研究に関係する人としては、19世紀中ごろに活躍した人文学者 Andrés Bello アンドレス・ベジョがいる。彼の書いた文法書は現在でも色あせていない（cf. 2.3.の2）。

17.2. 音声面の特徴

S音法（5.）	起こっている。
Y音化現象（6.1.）	起こっている。
文字 b, d, g の発音（6.5.）	母音間の d の消失。
文字 s の発音（5.1.）	内破の位置で弱化。
母音の発音（4.2.）	南北アメリカ・スペイン語の標準。
文字 r の発音（6.2.）	l の発音との交差。
文字 j の発音（6.6.）	弱化。
その他の発音	閉鎖音音素の中和。子音群 sc の発音。

1）文字dの発音（6.5. の2）：母音間（とくに -ado）では弱まり、ときに消失するが、その消失は語末で起こりやすい（variedad [barjedá]「多様性」）。

2）閉鎖音音素の中和化（6.5. の5）：6種類の音素（/p b/, /t d/, /k g/）が原音素（archifonema）の /K/（発音は有声でも無声でも）になるので、apto「適した」が [ákto] とか [ágto] に聞こえるし、subsidio「手当、補助金」が [suksídjo] とか [sugsidjo] に聞こえる。

3）子音群sc（＋母音のe, i）の発音：この子音群は [x] や [h] のように発音されるので、escenario「景色」が [ehenárjo] のように、piscina「（水泳の）プール」が [pihína] のように聞こえる。

4）rとlの交差現象（6.2. の4）：[l → r] の現象（bolsa「袋、バッグ」が [bórsa]、salto「飛び跳ねること」が [sárto] になる現象）と [r → l] の現象（cartaが [kálta]、puertaが [pwélta]）が無教育層のあいだで全国的に観察されている。

17.3. 文法面の特徴

ボス法（7.2.）	2種類のボス法がある。
その他の待遇表現（7.1. の3）	アンデス地方ではウステ法。
人称代名詞の用法（8.）	南北アメリカ・スペイン語の標準。
名詞の用法（9.）	南北アメリカ・スペイン語の標準。
動詞の用法（10.）	無人称表現。完了過去二人称単数形。焦点化のser。
その他の用法	複数概念の表示。指示詞ahíの用法。más nada。

1）複数概念の表示：主語の核が単数形（la mayoría de los estudiantes「学生の大多数」、la mitad de los alumnos「生徒の半数」）でも動詞が複数形で使われることが多い。このように文法の単数性と指示物の複数性が交差する現象は、スペインでも起こっている（とくに文中で単数の主語とその述語動詞が離れている場合に起こりやすい）。

2）待遇表現（7.2.）：この国にはボス法の地帯が2種類ある。アンデス地

方とマラカイボ湖の周辺である。動詞の活用形に違いがあり、直説法現在では、アンデス地方では典型的なボス法の動詞形である vos tomás / comés / vivís となるが、後者では vos tomáis / coméis / vivís のような、スペインの標準語の二人称複数の活用形になる。両方の地帯の親称表現において代名詞の vos が tú と交替することがある。この国の西部のアンデス地方には usted が親称の待遇表現として使われるウステ法 ustedeo の地帯もある（コロンビアとの国境付近ではどちらの国でも起こっている。cf. 7.1. の3）。

3）完了過去（点過去）の活用形：その二人称単数形には -s が付加されることが多い（hablastes, comistes, salistes）。

4）無人称表現（10.7.）：haber は複数形になることが多いが（han habido niños「子供たちがいた」、pueden haber hasta doscientas personas「2百人ほどもいるはずだ」、habían niños「子供たちがいた」、habemos varios「私たちは数人です」）、hubieron は教養階級では使われない。hacer も複数形になることが多い（hacen años「何年か前に」、hacen días「数日前に」）。

5）指示詞の ahí：この副詞が多用されている。標準的な場所指示（el libro está ahí, ¿no lo ves?「その本はあそこにあります。見えませんか」）のほかに、不特定な場所の指示（esos muchachos se la pasan por ahí sin hacer nada「その若者たちは何もしないであそこらをぶらついています」）、前方照応（Pedro fuma mucho, de ahí que siempre ande con bronquitis「ペドロはヘビースモーカーなので、いつもゴホンゴホンと言っている」）、概略の意味表示（nació por ahí por 1985「彼は1985年ごろに生まれた」）、並みの程度の意味表示（estoy ahí ahí「私はまあまあです」）、意味はまだ説明がついていないが談話標識としての用法（dame un cafecito ahí「コーヒーを一杯くださいよ、ねえ」、salí con un muchacho ahí de la universidad「私は、そう、大学生の青年と出かけました」）などである。

6）más の特殊な用法：ベネズエラではこの副詞が否定語と組んだ標準的な語順の nada más も sólo の意味で使われるが、その語順が入れ替わる más nada も限界表示として使われる（allí no vivía más nadie「あそこにはもう誰も住んでいなかった」、más nunca voy a comprar en esa tienda「あの店では、私はもう買い物をしないつもりです」、no he hecho más nada de importancia「私は、大事なことはもう何もしていない」）（cf. 11.5. の2）。

7）隣国の影響：コロンビアからの移民もベネズエラのスペイン語に影響を

与えている。たとえば動詞 ser を使う焦点化の強調表現は隣国からの影響だと考えられている（yo vivo *es* en Caracas.「私が住んでいるのはカラカスです」の表現形）。

17.4. ベネズエラの語彙の特徴

　この国のスペイン語の形成にはさまざまな要素が加わっている。

　先住民語系の要素は語彙の面に見られ、しかも意味が拡張している場合もある。arepa「（トウモロコシ・パンの）アレパ」、auyama「（アメリカ・カボチャの）アウジャマ」、cazabe「（キャッサバ・パンの）カサベ」、cabuya「リュウゼツラン」、carite「（80センチほどになるカリブ海の魚で、背面は黒っぽい青色で頭部が長くて食用になる）カリテ、（死んだ）新生児の通夜」、morrocoy「（八角形の甲羅が盛り上がっている陸亀の）モロコイ、のろまな人」、pachaco「（大型で獰猛な蟻の）パチャコ、（日々の糧を得るのに）抜け目のない男」、などが使われている。

　アフリカ系の奴隷たちも植民地時代に大量に運び込まれ、語彙の面にその影響が残されている。それは現在も使われている bemba「（黒人のように）唇の厚い口」、cachimbo「（タバコの）パイプ」、congorocho「（ムカデの一種の）コンゴロチョ」、mandinga「悪魔、魔法使い」、ñame「（ヤマノイモ科ヤマノイモ属の、芋を食用とするために栽培される植物の総称で、熱帯に十数種ある）ヤム、ヤムイモ」などにうかがわれる。

　ベネズエラはスペイン人の入植当初から多様な出自の移民が入り込んでいる。目立つのはカナリア諸島の人たちである。スペインを訪問するベネズエラ人がカナリア人と間違えられるほどの影響を与えている。スペイン人のほかにもヨーロッパからの移民が多い。そのため、ベネズエラのスペイン語の語彙にはその人たちが持ち込んだ言語の系統の単語が目立っている。たとえば、ポルトガル語系として botar「投げ捨てる」、botiquín「薬箱」、garúa「霧雨」、ingrimo, ma「孤独な」、lamber「なめる」、pena「恥」、イタリア語系として brócoli（← broccoli）「ブロッコリー」、canelones（← cannellóni)「カネローニ」、chao（← ciao）「さようなら！」、espaguetis（← spaghetti）「スパゲッティ」、mezanina（← mezzanino）「（建物の）中２階」、ñoquis（← gnocchi）「ニョッキ」、pasticho（← pasticcio）「まずそうな料理」、pizza（← pizza）「ピザパイ」、フランス語系として afiche（← affiche）「ポスター」、

chofer (← chauffer)「運転手（スペインではアクセント付きのchófer）」、creyón (← crayon)「クレヨン」、musiú (← monsieur)「(成人男性に向かって) ～さん」、papel tualé (← toilette)「トイレットペーパー」、petipuá (← petit pois)「グリンピース」、restorán (← restaurant)「レストラン」、taller (← talleur)「修理工場」、ドイツ語系としてdelicateses (← Delikatesse「うまい食べ物」)「高級食品店」、estrúdel (← Strudel)「渦巻き」などがある。その他の言語を使う人たちからもcuscús「(北アフリカ系の料理の) クスクス」(アラビア語系)、chopsuey「(刻み肉と野菜の炒め物の) チャプスイ、雑砕」(中国語系)、sushi「寿司」(日本語系) なども入っている。

　北の大国であるアメリカ合衆国からは経済的・文化的な影響が強く、とくに野球を始めとするスポーツ用語も根づいている（béisbol「野球」、bowling「(スポーツ) ボーリング」、jonrón「ホームラン」、inin「(野球) イニング、回」、left-field「(守備陣の) レフト」、right-field「(守備陣の) ライト」、windsurf「ウインドサーフィン」など）（英語の影響は文法面にも見られるが、すぐ気づかれるのは現在分詞の使い方であろう。近接未来のEstamos saliendo el sábado para Nueva York.「私たちは土曜日にニューヨークへ出かける予定です」などである）。

17.5. 教養口語の例（CD Track 5）
　スペイン語の国際会議で研究発表をするベネズエラの国語の先生にインタビューしてみた。特徴的な語法を探してみよう。

1 — Bueno, entonces, me puede... explicar... en qué instituto está trabajando.
2 — En la Universidad Pedagógica Experimental Libertador, específicamente
3 el Instituto Pedagógico Rafael Alberto Favor Lara. Eso queda en Maracay.
4 Y dicto clase de gramática. — ¿Gramática española? — Ajáa, gramática del
5 español. — Y, ¿de qué vas a leer la ponencia? — Acerca de los marcadores
6 del discurso, específicamente de los marcadores, estos auditivos, los que
7 agregan información, "además", "encima", "igualmente". Pero yo estoy
8 haciendo un trabajo... en la oralidad, de si estos marcadores pueden ser
9 sustituibles los unos por los otros, y en qué condiciones, y cuále... qué
10 características presentan ellos: en cuanto a la posición se presen... en medio,

11　al inicio o al final... si están separados o no por su... comas o puntos, ehnnn...
12　también qué elementos tienen cerca o no, es decir, si tienen al, algún... se le
13　agrega algo, elemento, como por ejemplo "y", o "de", o sea, si se agrega una
14　conjunción o la preposición, y quiero ver si ellos agregan una dicción,
15　perdón, si ellos agregan un... información al contenido, al texto, o agregan
16　información para el interlocutor, para la situación, es decir, si tienen un
17　papel textual o un papel discursivo. Eso es lo que quiero determinar.
18　— Y, a propósito, si, si uno le, le pregunta qué serán las comidas típicas de
19　tu patria, de su patria...
20　— La hallaca [o hayaca]. La hallaca, que es un plato típico navideño. Es un,
21　una...
22　— ¿que se escribe con *ele-ele* o con *i-griega*? — Se escribe, con, al respecto
23　y todo una polémica, de si se escribe con *ye* o si se escribe con *doble-ele*.
24　Normalmente se escribe con *doble-ele*. Y, eh..., la hallaca es de harina, es
25　una masa de harina a la que se agrega guiso, que puede ser de carne, de
26　cerdo, o de pollo, con... con aderezos de cebolla, tomate, alcaparra, y tiene
27　un envoltorio de hojas de plátano, que se amarra con pabilo, se cocina y se
28　hierve, y luego la comemos durante toda la Navidad, del 24 al 31 de
29　diciembre. — Ajjj... — Y... — la come en la Navidad... — en la Navidad. Y
30　tenemos una que la comemos en agosto, — jujun... — que saya, perdón, que
31　es cachapa, también es con... — ¿cachapa? — maíz... — se llama cachapa. —
32　cachapa　　— con maíz, y la comemos con queso, mantequilla, algunos la
33　comen con cerdo, también, — jujun... — esta, en agosto. ¿Qué otro plato
34　típico?... las caraotas negras, que son como los frijoles mexicanos, sólo que
35　no lo comemos triturados, sino enteros. — jujun... — Y... la acompañamos
36　con el plato típico, típico, que es también la... le llamamos pabellón, —
37　¿pabellón? — Ajáa, que es arroz, carne mechada, taja, eh.. plátano, ¿conoce
38　plátanos? — plátano, sí —fritos, también le decimos tajada... con... arroz, se
39　me olvidó, — (...) — arroz..., carne mechada, caraotas negras, y tajadas. Ese...
40　lo comemos con mucha, mucha frecuencia, y eso le identificamos. Y de...
　　注意：37行目のcarne mechadaとは、一度ゆでた肉をほぐして食材にした
　　ものである。

17.6. 問題

1）**発音**
   a. S音法の特徴を観察しなさい。具体的な発音を3ヶ所指摘しなさい。
   b. Y音化現象を調べなさい。その状況を具体的な発音で指摘しなさい。
   c. 内破音のsの気音化の様子を説明しなさい（5行目などで起こっている）。
   d. 全体の特徴的なイントネーションを観察しなさい。コロンビアとの類似性は？

2）**文法**
   a. 30行目には関係節における先行詞の重複表現がある。話しことばに独特の現象であるが、スペインの標準語ならどのようになるだろうか。

3）**語彙**
   a. 20行目から説明されているクリスマス料理のアジャカ hallaca はどのようなものか。
   b. 34行目には同義の米系西語が2語使われている。どれとどれか。また、スペインの標準語での同義語は何か。
   c. 38行目の tajada はどのようなものか。

4）**内容**
   a. この人が仕事をしている学校はどこにあるか。教えている科目は何か。
   b. 31行目の料理 cachapa はトウモロコシ・パンの一種である。何月によく食べられるか。

18. エクアドル

正式な国名	República del Ecuador
人口	1320万人（日本 1億2千8百万人）
国土	28万4千平方キロ（日本 37万8千平方キロ）
首都	Quito
公用語	スペイン語
スペインの植民地時代	Virreinato de Nueva Granada
スペインからの独立	1819年（1835年）

　エクアドルはコロンビアとペルーに挟まれた小さめの国であるが、国土は日本の4分の3ほどはある。人口は日本の10分の1ほどの1,300万強である。首都はキトQuito。その北側を赤道ecuadorが通っている。この国は4種類の地方に分けることができる。800万人近くが太平洋沿岸部（Costa）に、400万人以上が高地（Sierra）に住んでいるし、アマゾン地帯（東部、Oriente）に数万人が、ガラパゴス諸島に数千人が住んでいる。この分割は地勢的な理由ではっきりとしている。ガラパゴス諸島はさておき、コロンビアから続いていて、二重になって南北に走るアンデス山脈で分割されている。ひとつは、その西側の山脈の裾野が太平洋沿岸部に延びている地帯であり、西側の山脈と東側の山脈に挟まれている部分が高地となり、東側の山脈の東側がアマゾン地帯となっている。

　1819年に現在のコロンビアやベネズエラの地域とともに大コロンビア共和国República de la Gran Colombiaとしてスペインから独立したが、1830年にそこから分離し、1835年からエクアドル共和国となる。

18.1. 国境問題

　もともと、ケチュア語を公用語とするインカ帝国の一部であったが、19世紀中ごろに独立したあと、グァヤキルGuayaquilを中心とする低地とキトを中心とする山岳地方が対立する構造になり、両者が国の支配権を争ってきた。1941年にペルー軍のエクアドル領侵攻が勃発し、エクアドルはアマゾン地方の3分の2を失った（その当時、国内で政治的な対立があったが、失

われた領土奪回をめぐって、この機会に国内世論が初めて地域的対立を超越してひとつになっている）。1981年にも国境地帯でペルーとの軍事衝突が発生し、国境問題が大きな外交的課題となってきている。これが国家のアイデンティティーの問題とも絡みあって、物理的な国境の設定という意味だけでなく、ペルーとの違いを確立する動きが起こっている。ペルーとは違うのだ、ということを主張する姿勢の一環として、エクアドルはその最大の先住民語をキチュア quichua と呼んでいる。ペルーでの呼び名であるケチュア quechua とは異なるのだ、と主張している（とはいえ、もともとケチュア語は quichua とも quechua とも呼ばれていた。この課の「教養口語の例」も参照のこと）。

18.2. 人口構成

　この国には先住民やメスティソが使用する先住民語の種類が多く、およそ12種類はあるという調査結果も出ている。そしてそのなかではケチュア語が社会的にも影響力が大きいが、その大半は山地で使われていて、話者はおよそ220万と推定されている（しかしその推定には大きな幅があり、数十万人にすぎないという数え方もある）。

　今日、人口の60％弱が沿岸部に分布し、残りが高地の各盆地に住みついている。18世紀末ごろには沿岸部の住民は全人口の20％に達しなかったが、20世紀中ごろには全人口の半数近くになっている。沿岸地方における農業の発達が人口分布の様相を著しく変えた。なお、高地では比較的ゆっくりした話し方だが、沿岸部の話し方は速い。

　沿岸部の人種構成には、スペイン系白人と黒人との混血ムラト mulato, ta、黒人とインディオ（indio, dia 先住民）との混血サンボ zambo, ba が含まれるが、高地では白人とインディオとの混血のメスティソ mestizo, za と先住民が主体になっている。メスティソと呼ばれる住民には通常、純粋のインディオも含まれる。そして社会・人種的にみて、エクアドルはペルーやボリビアと同様、「インディオの国」と呼ばれている。種族の多様性に富んでいるが、全国的にはインディオが社会の最下層をなしている。

　高地では、その人口の60％以上がインディオ零細農民である。他方、典型的なメスティソはインディオの固有の習慣を捨てて高地の都市周辺に定着しているが、その仕事は日雇労働者からしだいに商業に転じ、都市社会の下

層部を構成している。沿岸部では高地と異なり、メスティソが中流および上流階級にも進出している。この国の社会の新しい傾向となるだろう。

　21世紀初頭の人口調査では人種が問われたが、その自己申告によると、約1,300万の人口のうち、メスティソが77.4％、白人が10.5％、先住民が6.8％、ムラトが2.7％、黒人が2.2％となっている。結果として、エクアドルがメスティソを中心とする「インディオの国」であることが明白になっている。

18.3. 音声面の特徴

S音法（5.）	起こっている。
Y音化現象（6.1.）	沿岸部で起こる。高地では区別。
文字b, d, gの発音（6.5.）	母音間のdは沿岸部で省略。
文字sの発音（5.1.）	沿岸部で省略化。高地で有声化。
母音の発音（4.2.）	3母音体系の影響。高地での無強勢母音の弱化。
文字rの発音（6.2.）	高地での多震音の歯擦音化。
文字jの発音（6.6.）	弱化。
その他の発音	高地で子音群trのrの弛緩。文字vの唇歯音化。文字ni, ñの発音。

1）母音の発音（4.2. の2）：エクアドルのケチュア語方言は3種類の母音の閉音性が特徴となる（a, i, u）。そしてその影響がこの国のスペイン語発音にも影響を与えている。また、高地ではアクセントの掛かっていない母音（無強勢母音）の発音が弱化する傾向にある。

2）子音群trの発音（6.2. の2）：沿岸部の発音は標準的だが、高地ではrの発音が弛緩して歯擦音化の現象が起きている。

3）子音sの発音（5.1. や5.3.）：沿岸部では子音の発音が省略されやすい。だから内破のsは気音化したり省略されたりする（mismo [míhmo]、desde [déhde]、resfrío [rehfrío]「風邪」、fósforo [fóforo]「燐、マッチ」）。とくに高地では、ケチュア語の影響であると言われているが、無声子音sの発音がときに有声化する。5課の5.4. や、この課の教養口語の例の6行目以下を参照

のこと。

4）Y音化現象（6.1.）：沿岸部ではこの現象が起こっている。高地では起こっていないが、文字llに3種類の発音が対応している。伝統的な側面硬口蓋音 [ʎ]、「キトのll」（elle quiteña）と呼ばれている有声の前部硬口蓋摩擦音の [ž]、そしてその無声音の [š] である。

5）子音のbとvの発音：ともに両唇音で発音されるのが普通だが、ときにvを唇歯音で発音することがある。また、これらの文字の呼び名であるが、スペインのような"be", "ube"は使われず、生徒たちはbを"be grande"と、vを"be chica"と呼んでいる。なお、ケチュア語の影響であるが、文字pが [b] と発音されることもある。

6）子音dの発音（6.5. の2）：母音間のdは、高地でははっきりと発音されるが、沿岸部では省略される傾向にある。また、語末のdの発音については、教養階級の話者たちでも省略することがあるし、グァヤキルを中心とする沿岸部では無声化してtの発音になる。

7）破擦音 [ĉ] の発音（6.3.）：文字chに対応する発音はほぼ標準的であるが、一部に、摩擦部分を強調して円唇で調音する傾向もある。この無声破擦音はケチュア語にも音素として存在するので、この発音を含んだケチュア語系の単語がかなりある。(a)chachay「寒い！」、chapo「（アマゾン地方のバナナ・ジュースの）チャポ」、chasqui「（昔の）飛脚、使者」、cachullapi「（民俗舞踊の）カチュジャピ」などである。

8）文字rの発音（6.2.）：人口が集中している沿岸部と高地のスペイン語を比べると、はっきりした違いが観察される。たとえば、はじき音の単震音（r）と多震音（rr）の発音であるが、沿岸部では標準的な発音がなされ、高地では、とくに多震音の発音が弛緩して歯擦音化が起こっている。

9）niの発音：この音群がほかの母音に続くとき、調音点が歯茎から硬口蓋に後退する現象がある。それゆえ、[ɲéto]（nieto「孫」）、[ɲéve]（nieve）、[antóɲo]（Antonio）、[matrimóɲo]（matrimonio「夫婦」）などと発音されることがある。しかし逆に、調音点が硬口蓋から歯茎部に移動する[nínjo]（niño）、[kompanía]（compañia）という発音も聞かれる。

18.4. 文法面の特徴

ボス法（7.2.）	高地で目立つ。
その他の待遇表現（7.3. など）	南北アメリカ・スペイン語の標準。
人称代名詞の用法（8.）	女性名詞の直接補語がle。一人称複数形のnosotros。
名詞の用法（9.）	高地での個人名（固有名詞）への定冠詞付与。
動詞の用法（10.）	dame + 現在分詞。
その他の用法	南北アメリカ・スペイン語の標準。

1）レ代用法（8.1. の1）：とくに女性名詞が直接補語で表示されるとき、laではなくてleが使われることが多い。特別なレ代用法である。

2）ボス法（7.2.）：ボス法は高地では目立つが、沿岸部ではそれほどでもない。動詞の活用形が二人称複数形（cantáis）であったり二人称単数形（cantas）であったりするから、代名詞だけのボス法になったりするが、その組み合わせは多様である。代名詞のtúとvosは話し相手との信頼度によって使い分けられる（信頼度が大きいほうの相手にはvosが使われる）。

3）一人称複数の代名詞：nosotrosは、スペインの標準語のように男性複数の場合、男女混合の場合に使われるが、それだけでなく、女性だけの複数の場合にも使われている。

4）現在分詞の用法：この用法は興味深い。命令のdámelo llevando 'llévamelo'「わたしのためにそれを持っていけ」、dámelo leyendo 'léemelo'「私にそれを読んでくれ」、dame haciendo mi trabajo 'hazme mi trabajo, por favor'「どうか私の仕事をしてくれ」；結果のvine comiendo 'vengo de comer'「私は食べてきた」、lo puso rompiendo 'lo rompió al ponerlo'「彼はそれを置くときに割った」などがある。

5）定冠詞：高地では個人名（固有名詞）に定冠詞をつけることがある（la María, el Antonio）。この現象はスペインの旧カスティリア地方でも起こっている。

18.5. 語彙面の特徴

　スペイン語に入ったケチュア語にはスペイン語で代替できるものとできないものがある。前者にはchaquiñánがあるが、これはchaqui「足」とñan「道」でできており、「小道」senderoとほぼ同義である。後者にはmingaがあるが、これは「無報酬の集団労働」を意味しており、スペイン語に同義語がない。また、「トウモロコシの穂軸を包んでいる葉」のpucónもあるが、これにもスペイン語に同義語がない（スペイン語farfollaはトウモロコシに限らず、広義の「苞葉」を意味する）。これは北部のケチュア語ではcutulと呼ばれている。

18.6. 教養口語の例（CD Track 6）

　日本で働いているエクアドルの外交官にこの国のスペイン語について話してもらった。特徴的な語法を探してみよう。

1　… En el Ecuador, si bien se habla español como lengua oficial, pero tenemos
2　diferencias en relación a la Costa, la Sierra y el Oriente… ¿no? El español de
3　la Costa es un español mucho más… más, diríamos, más libre, ¿no?… Es un
4　español mucho menos elaborado… con… l… el español es el más… diríamos,
5　más divertido, ¿no? Es muy libre. Entonces, en ese sentido, por ejemplo,
6　los… las personas de la Costa… se suprimen a veces, cuando hablan, [lazéses]
7　('las eses'). Suprimen unas terminaciones, [lazéses], por ejemplo. — ¿[zéses]?
8　— 'eses', o sea, la *ese* final. — *ese* final — suprimen. O suprimen algunas
9　pequeñas palabras al final, y hablan muy rápido, y muy de corrido. En la
10　Sierra, en cambio, encuentra usted un español, muy diferente. Incluso, hay…
11　hay un español… que es muy… diferente, un español cantado, que se llama…
12　de Cuenca, que es modulado, que es musical, ¿no?… Y de ahí, encuentra el
13　español de la… de la gente, ¿no?… de la gente común que habla… e… va a
14　encontrar unas diferencias muy fuertes en la *erre*… y la *elle*… que no se
15　encuentra en el español cantado que hablan… que es muy musical, que es
16　de Cuenca, y de… del Norte… de Carchi, especialmente de Tulcán. Entonces
17　ustedes con… van a encontrar que, por ejemplo, la gente normal en la
18　Sierra, cuando habla, arrastran mucho la *erre*… dice 'ezze'. Y lo mismo es

19　la... el... la *elle*. La *elle* no se suena, no suena como *ele*, sino suena como 'sha'
20　(コーヒーカップの雑音)... como una *ese-hache*, 'sha'. To (? entonces) algunos
21　de... de las, de la Cuenca, especialmente... y del norte de Tulcán, se burlan
22　de eso... que dicen... que es una... que es, o sea, como hablar mal... ese *erre* y
23　*ese*... y el... y el *sha*. Entonces ellos dicen que el *elle* y el *erre*... muy
24　pronunciados, ¿no?... (?) encontrar el español en la Sierra, en la Sierra
25　también, que es muy... una mezcla de español con quichua... ¿no?... En el
26　Ecuador se habla quichua, y no quechua. Tomemos en consideración eso.
27　Quechua es sólo de los peruanos. En el Ecuador se habla quichua... con
28　predominancia. La, el quechua predominan las vocales abiertas, mientras
29　que en el quichua predominan las vocales cerradas. En el Ecuador, es así,
30　¿no?... Entonces, a veces encontramos una predominación de... pa... de... los
31　indígenas, por ejemplo, algunos hablan mezclado. Entonces, hablan entre
32　términos españoles, palabras españolas con palabras indígenas. Nosotros
33　también las utilizábamos así... hay algunas palabras muy indígenas... que
34　tenemos, por ejemplo, para... cuando decimos 'tener frío', como ustedes
35　dicen 'samui', nosotros decimos 'achacháy'. — ¿achacháy? — achacháy...
36　También cuando te... está muy caliente, por ejemplo, ustedes... tienen una
37　palabra... y dicen 'achí-achí-achí'... En... en español, se dice 'arrarráy'. Es un
38　término que viene de... muchas palabras, ¿no?... Otras palabras, por ejemplo,
39　que tenemos es la... que proviene del 'guagua'. Es el 'niño'. 'El guagua' o 'la
40　guagua'... depende del artículo que se le ponga. El o la... pero el... es el... el...la
41　palabra como 'tal guagua' es un ni..., es un niño o una niña, depende del
42　artículo. Ahora encontramos el español de la Amazonía. Español de la
43　Amazonía es mucho... más mezclado, porque es... un español de inmigrantes
44　de la Sierra y de la Costa.

18.7. 問題

1）発音

　　a. S音法を観察して特徴的な発音が聞かれる単語を3ヶ所指摘しなさい。
　　b. 6行目で話し手は [lazéses] と言っていた。これは文字 -s のどのような

発音のことか。
　c. 11行目のllamaのllの発音を19行目の発音と比べてみよう。どのような発音か。
　d. 18行目のdice 'ezze' と転記されているのはどの音素の発音のことか。
　e. 19・20行目のことは、どのような発音のことか。(cf. 18.3.「音声面の特徴」の4)

2）文法

19行目に接続詞queの不在という現象がある。スペインの標準語ならどこに入るか。

3）語彙

40行目のguaguaは、男性・女性をどのように区別しているのか。

4）内容

　a. エクアドルのスペイン語の方言区分はどのようになっているのか。
　b. エクアドルでは「寒い！」ことや「暑い！」ことを何と言うか（35行目と37行目）。

アンデス山脈

　南米大陸の地図でエクアドルを見ると、ごく小さな国のように思えます。しかし日本の4分の3ほどに大きく、丸くまとまっています。東側の半分近くはアマゾン河の上流地帯ですが、国の中央部から西半分にはアンデス山脈が南北に走っています。

　この巨大な山脈は並走する数本の山系からできています。エクアドルの高地Sierraは標高4000メートルを超える東部・西部の両山系で構成されています。東部山系には世界最高の活火山コトパクシCotopaxi火山（5896m）やカヤンベCayambe火山（5790m）、西部山系にはこの国最高峰で富士山にも似ているチンボラソChimborazo火山（6310m）など、5000メートル級の火山が8峰もあります。これらの高峰には赤道直下ですが氷河があります。そして両山系の間には2000〜3000メートルの高さの山間盆地が並び、首都キトをはじめ多くの都市がこの地帯に発達しています。また、火山が多いことから、地震が頻繁に起こっているようです。

19. ペルー

正式な国名	República del Perú
人口	2850万人（日本 1億2千8百万人）
国土	128万5千平方キロ（日本37万8千平方キロ）
首都	Lima
公用語	スペイン語、ケチュア語、アイマラ語
スペインの植民地時代	1544年から Virreinato del Perú
スペインからの独立	1821年に独立宣言

　ペルーは南アメリカ大陸西岸の中央部に位置する共和国であり、かつてはインカ文明の中心地であった。首都はリマLima。この都市は16世紀のスペイン人による征服のあと、南アメリカの植民地を支配・統治する副王領の中心になった。領土は3種類に分けられる。自然環境によって太平洋の沿岸部（Costa）、アンデスの高地（Sierra）、東部森林地帯（Selva）であり、これらが際立った環境の違いを見せつつアンデス山脈に沿って南北方向の帯状に成立している。

　この国はさまざまな先住民文化を誇っているが、12世紀にはクスコCuzco（またはCusco）を中心にしてインカ帝国が成立した。帝国の公用語はケチュア語であった。この帝国はピサロFrancisco de Pizarro (1476-1541) によって1532年に征服された。スペインはこの地の統治のため1544年にペルー副王領Virreinato del Perúを設置し、その首都をリマLimaに定めた。そしてパナマ以南の南アメリカにあるスペインの植民地を統治した。それゆえリマには、副王の交代のたびにマドリードのスペイン語を使う官吏たちが赴任し、マドリードの最新の用法が比較的よく伝わっていた。とはいえ、先住民の割合が高く、語彙の面では彼らのことばからの影響が目立っている。そして首都が存在する沿岸部の平地の用法が社会的にも評価されている。

　1821年にボリバルによって独立宣言がなされ、24年に独立が完成する。19世紀の後半になると沿岸部で採取される海鳥糞のグアノguanoの肥料や燐鉱石としての需要が高まり、また南部の砂漠地帯で取れる硝石の世界的な需要が火薬の製造のために増大し、一時的な繁栄を経験した。しかし南の沿

岸部や砂漠地帯は独立当初から国境が不明確であったため、チリとの紛争の種になった。ペルーはボリビアと組んでチリに対抗し、1879年には太平洋戦争 (Guerra del Pacífico) が勃発した。1883年に終わったが、ペルーは負けてチリに領土を割譲した。

19.1. ペルーの人々

　2,850万の人口をかかえるペルーの社会は、征服と植民地化の歴史を反映していて、先住民（インディオ indios）と白人（おもにクレオール criollos）と両者の混血（メスティソ mestizos）によって構成されている。常用語がケチュア語かアイマラ語である先住民系の人たちは国民の約3割を占めており、純粋な白人は1割強だが、約5割はメスティソに分類される。白人を含む上層階級は沿岸部の都市に集中し、北部の高地の農民はほとんどメスティソである。インディオを含む下層民は南部の高地にある農村に集中している。しかし近年は都市化現象が著しい。1940年代には南北合わせた山地人口がまだ国民の半分以上を占めていたが、70年代になると海岸平地の人口が増大し、高地の人口と平地の沿岸部の人口の割合が逆転してきている。リマの人口を見ると、1940年ごろにはリマ生まれの人たちと移入者の割合は約7対3であったが、80年代に入るとリマ生まれの人たちの割合は6割を切っている。今日では沿岸部の平地に人口の半分が居住し、リマには700万弱（人口の2割強）の人たちが住んでいる。

19.2. ペルーの先住民語

　今日のペルーの公用語はスペイン語であるが、ケチュア語も1975年から、そしてアイマラ語も1980年から、それらの使用地域で公用語になっている。
　アンデス文明は多くの民族よって形成されたが、インカ帝国はその統一政策の一環としてケチュア語を公用語に採用したため、先住民語のほとんどが失われた。また、スペイン人のもたらした病原菌や彼らによって課された重労働によって人口が減少することもあった。先住民たちは植民地時代になると、温暖で肥沃な盆地や谷間を奪われてしまったので、その大部分は今日、標高3千メートル以上の急峻な山の斜面や、4千メートルを超える寒冷な草原、あるいは交通の不便なアンデス東斜面の高いところに住んでいる。
　ケチュア語の話者の数は600万と言われたり、1千万以上だと言われたり

している。「話者」の定義によっても大きく異なるのであろう。アイマラ語の話者は数種類の資料でも比較的安定しており、およそ2百万人となっている。いずれも複数の国に分かれて住んでいる。

　ケチュア語とアイマラ語は別の言語であるが、似たところが多い。アンデス地方でスペイン語に入った先住民語系語の多くが、この両言語に同じか似たような音声で存在している。そのため、どちらが語源なのかを判断することが難しい。だがケチュア語も、今日では6種類の方言に分けて研究されており、単語のなかには別の方言の話者が理解できないものも少なくないようである。両言語とも母音は3音素体系であるから、メスティソや先住民たちのスペイン語では、5音素体系のスペイン語の母音の発音がよく変化している。また、両言語とも側音の音素があるので、スペイン語の文字llはスペインの標準語のように側音として発音されることが多い。

19.3. 音声面の特徴

S音法（5.）	起こっている。
Y音化現象（6.1.）	高地では起こらず、沿岸部で起こる。
文字b, d, gの発音（6.5.）	沿岸部では母音間で弱化。
文字sの発音（5.1.）	沿岸部で弱化（母音間での弱化は評価が低い）。
母音の発音（4.2.）	ケチュア語の影響がある。高地で無強勢母音の弱化。
文字rの発音（6.2.）	高地では多震音の歯擦音化。
文字jの発音（6.6.）	弱化。
その他の発音	内破の閉鎖音の中和。

1）S音法（5.）：S音系の無声摩擦音音素に対応する発音には、その維持と弱化（気音化）と喪失という3種類の調音がある。維持される場合、沿岸部では歯音に、そして高地では張りの強い舌尖歯茎音になることが多い。弱化は沿岸部で目立つが、高地では内破のsも含めてその発音が維持される傾向にある。内破音の弱化は、沿岸部では教養層の人たちのあいだでも起こっているから、社会的な評価が低いわけではないが、母音に先行する位置（nosotros が [nohótroh] など）での弱化は評価が低い。

2）Ｙ音化現象（6.1.）：ペルーには文字 y と文字 ll に対応する発音に関して２種類の現象が見られる。区別される場合（側音と非側音）と、区別されない、すなわちＹ音化している場合である。一般的に言って高地（先住民が多い地域）では区別され、首都のある沿岸部（白人やメスティソが多い地域）では単一発音になる傾向があるが、高地でもその区別は弱まりつつあると言われている。

3）母音の発音（4.2. の５）：アンデス地方の高地では、ケチュア語（母音が３音素体系）の影響であると考えられるが、母音が交替する現象があるので（/e/ と /i/、/o/ と /u/ の両方向）、ají [ahé]「トウガラシ」、octubre [októbre]、seguro [sigóro]「確かな」という発音になるし、母音連続や二重母音の発音にも変種が存在する（escuela [iskwíla]「学校」、suerte [súrti]「運」、león [lijún]「ライオン、ピューマ」）。また、高地では無強勢母音の発音が弱化する傾向にある。

4）内破の閉鎖音の中和（6.5. の５）：標準的なスペイン語には６種類ある閉鎖音音素（cf. 4.3. の１）の発音では、沿岸部で有声音と無声音が中和しているし、さらに有声の軟口蓋音 [g] の発音が優勢になっているので、adaptar [adagtár]「合わせる」、observar [ogserbár]「観察する」、aritmética [arigmétika]「代数」などの発音が聞かれるし、高地ではそれらが軟口蓋の無声摩擦音 [x] になる傾向がある（doctor [doxtór]「博士」、apto [áxto]「適した」、observar [oxserbár]「観察する」）。内破の位置にある鼻音（歯茎音）も中和して軟口蓋音になりやすい（antes [áŋtes]「以前」、ancho [áŋĉo]「広い」）。

5）母音間の有声閉鎖音の弛緩と消失（6.5. の２と３）：沿岸部ではこの現象が起こっている（trabajo [traáho]「仕事」、poder [poér]「できる」、universidad [unjersjá]「大学」）。

6）文字 r の発音（6.2.）：高地では多震音の発音が歯擦音化する。

19.4. 文法面の特徴

ボス法（7.2.）	一部で残っている。
その他の待遇表現（7.3. など）	南北アメリカ・スペイン語の標準。
人称代名詞の用法（8.）	三人称単数の与格と対格。
名詞の用法（9.）	南北アメリカ・スペイン語の標準。
動詞の用法（10.）	南北アメリカ・スペイン語の標準。
その他の用法	ケ用法もデケ用法も一般的。

　リマは植民地時代に副王領の首都であったため、スペインの標準語がよく伝わっていた。そういう理由もあって、現在のペルーのスペイン語には、文法面でそれほど際立った特徴は存在しない。

1）二人称複数の代名詞（7.1. の2）：ペルーでは儀式ばった場面でvosotrosが使われている。厳粛な演説などにおいてであるから、スペインの標準語のように単なる複数の話し相手を指すのではなく、文体的なニュアンス（格調の高さなど）を表現するために使われている。
2）ボス法（7.2.）：沿岸部の北部・南部の一部、および高地の一部に残っている。
3）三人称与格単数の代名詞（8.1. の2）：leの特殊な用法である。loやlaが無人称表現の代名詞seとともに使われるとき、se lo veとかse la veのかわりに、se le veとなる。これは人の場合であって、物のときには起こりにくい。Desde aquí se le ve bien al entrenador.「ここからトレーナーがよく見える」。
4）三人称対格単数の代名詞（8.1. の5）：複数の間接補語代名詞とともに使われるときには、与格補語の複数性を表示するために複数形になる（doy a ustedes un libro → se lo doyではなくてse los doy「私はあなた方に本を1冊差し上げます」）。この形が標準形である。
5）ケ用法とデケ用法（11.7.）：ともに盛んに使われる。ケ用法は上流階級によく根づいており、文章語にも使われる。このケ用法の使用傾向はスペインの標準語とよく似ている。

19.5. 教養口語の例（CD Track 7）

リマの大学のスペイン語研究者にペルーの食材の事情を聞いてみた。特徴的な語法を探してみよう。

1 — Bueno, entonces.... ehh...
2 — te cuento (...) de dónde vengo, (...) quería que te digo (?) de dónde vengo,
3 que te hable de Perú, — ahh... bueno, sí, sí... — ¿sí? — algo sobre el español
4 de Perú, o... la vida peruana, o... — Bueno... — primero, entonces, a qué... ¿en
5 qué instituto trabajas?
6 — Yo trabajo en la Pontificia Universidad Católica de Lima. — jujún... — y
7 ahí en... pertenezco a la sección de Lingüística y Literatura, y me encargo
8 sobre todo de los cursos de Historia del Español, y de Historia del Español
9 de América, y trabajo normalmente con un grupo de entre veinte y treinta
10 muchachos, que... con los cuales vemos tanto la formación del español de
11 América y la difusión del español de América, y la creación de las distintas
12 variedades del español americano. Y también... un poco... el contacto del
13 español con el quechua, y con el aimara en las zonas de los Andes, tanto
14 desde un punto de vista descriptivo como desde un punto de vista más
15 explicativo, más cultural, ¿no? — jujún... — Eso es más o menos lo que hago
16 yo en... en Lima... — es muy interesante — sí..., sí... muchas gracias, muchas
17 gracias.
18 — Bueno, entonces, ahh... bueno... qué será... otro... otro tema... la, la, las
19 comidas de, del Perú... — ahh, mira... — ¿cuáles son más populares, típicos?
20 — mira... eh... como el Perú es un país que tiene tres regiones: — tres... —
21 tres regiones, tres regiones geográficas: la Costa, la Sierra y la Selva. En
22 realidad te... en el Perú o... hay una comida muy, muy variada, ¿no? Ehh...
23 digamos, lo que más se come en la Costa es pescado. — jaján... — Se come
24 pescado; el plato más conocido del Perú es cebiche — cebiche — cebiche,
25 que es un plato que se prepara sobre la base de... pescado crudo..., ehh...
26 cocido... en limón, con un poco de cebolla, y un poquito de aji. — ahh...
27 también aji — todo eso... macerado, ¿no? Ehh... se come también mucho
28 pescado frito, pescado con algún tipo de salsa con verduras, este... En la

29 Sierra, en cambio, el tipo de comida es totalmente distinto... Entonces, en la
30 Sierra, en la zona de la montaña, se come sobre todo muchas cosas en
31 relación con papa... ¿no?, la papa, por ejemplo, seca al sol, bajo el sol, — (...)
32 — claro, originaria de los Andes, entonces se come mucha comida
33 vinculada con papa, con maíz, ehh... sea como potajes, sea como sopas, sea
34 mezclada con carne de puerco, o sea... digamos, simplemente seca... bajo el
35 sol, con una salsa hecha con jugo de carne, ¿no? Y en la Sierra.... (...) En la
36 Selva, en la Selva, se comen muchas cosas vinculadas también con
37 pescados, pero no con peces marinos, sino con peces de río, ¿no?, — ¿desde
38 la época de... — de (...) muy antiguo... — (...) — claro, porque el Imperio... el
39 Imperio Inca no estuvo sólo concentrado en la Sierra, sino del Imperio de
40 Inca, como tuvo procesos, distintos procesos de expansión, ehh..., creció
41 tanto hacia la zona andina, como también hacia la zona amazónica.
42 Entonces, de esa época, uno puede encontrar incluso cerámicas, ehh, incas,
43 en que están representando comidas de pescados. — ajj... — entonces, l...,
44 antiguamente se pensó que podían ser de la costa, pero resultaba un poco
45 raro que los incas hubieran ido hasta la Costa, para pescar y llevarlos hasta
46 la montaña, ¿no?

19.6. 問題

1）発音
a. 全体に聞かれるＳ音法について、実例を３ヶ所あげなさい。
b. 全体に内破音のｓの気音化や消失が聞かれる。7行目、14行目、37行目などでその例を探しなさい。
c. 母音間のｄの発音を25行目、33行目、36・37行目などで例を探し、その時の発音の仕方を説明しなさい。

2）文法
a. 10行目に関係詞のcual（スペインでは文語的）が使われている。スペインの標準語ならどう言われるだろうか。
b. 36行目の再帰代名詞seはどんな意味を表現しているのだろうか。
c. 42、43、44行目に無人称表現がある。指摘しなさい。

d. 43行目にestar＋現在分詞の構文がある。その用法を説明しなさい（cf. 10.8. の３）。
3）**語彙**
 a. 26行目にあるcocidoはどのような意味であろうか。27行目に同義語がある。
 b. 31行目にある米系西語を指摘しなさい。
4）**内容**
 a. この先生はどこの大学で仕事をしているのか。また、担当科目は何か。
 b. 先生が説明しているペルーの３種類の地理的な区分をあげなさい。
 c. そして、それぞれの地域の料理の特徴をあげなさい。

グァノ

　南北アメリカ・スペイン語の米系西語でguano「グァノ」といえば、２語がよく知られています。

　ひとつはカリブ海域で「（数種類の椰子（ヤシ）の木の総称である）グァノ」の意味で使われていますが、同義同音のタイノ語からの借用語です。キューバでは「お金」の意味にもなります。

　もうひとつがペルーと関係の深い「（ペルーの沿岸部や沿岸諸島に溜まる海鳥の糞の堆積物で、良好な肥料になる）グァノ、鳥糞石（チョウフンセキ）」を意味することばです。ペルー、チリをはじめ、スペイン語圏の一般語となっています。「堆肥、動物の糞」の意味のケチュア語huanu、あるいはアイマラ語wanuからの借用語です。

　鳥糞石を意味するグァノは専門用語として国際的にも使われています。鉱床として開発される肥料で、南アフリカ共和国などにもあります。肥料としては海鳥に限らず、洞窟内堆積物としてコウモリの排泄物や遺骸（イガイ）などでできているバットグアノbat guanoもあります。オーストラリア西部のものが有名です。キューバにもあって、guanoが「（肥料にするコウモリの糞の）グァノ」としても使われています。アルゼンチンではguanoが広義の「（肥料にする）動物の糞」の意味で使われています。

20. ボリビア

正式な国名	Estado Plurinacional de Bolivia
人口	1002万人（日本 1億2千8百万人）
国土	109万9千平方キロ（日本 37万8千平方キロ）
首都	La Paz と Sucre
公用語	スペイン語、ケチュア語、アイマラ語、グァラニー語
スペインの植民地時代	Alto Perú（所属する副王領が1776年に変更）
スペインからの独立	1825年

　ボリビアは南アメリカ大陸の中央部に位置する共和国であり、ブラジル、ペルー、チリ、アルゼンチン、パラグァイの5ヶ国に囲まれた内陸国である。国名はこの地域を含む南米北部の独立の指導者であるシモン・ボリバル Simón Bolívar の名にちなんでいる。現在の国名である「ボリビア多民族国」は2009年3月に制定されたが、それまでは「ボリビア共和国」República de Bolivia であった。人口は1千万人強だが、領土は日本の3倍近くもあり、アンデス高地（Altiplano、スペインでは「高地」は altiplanicie）と東部の広大な平原地帯（Oriente; Llanos、アマゾン河上流地帯）と南東側にあるアンデス山脈の山麓地帯（Valles）に大別される。緯度的には熱帯圏に属している。しかし人口が集中するアンデス高地は年平均気温が10度前後で年較差も小さい（この課の「教養口語の例」ではこの3種類が方言区分にも適用されている）。全国的な公用語はスペイン語だが、先住民のケチュア語やアイマラ語やグァラニー語も、その使用地域で公用語となっている。憲法上の首都はスクレ Sucre で、そこには司法府（最高裁判所）があり、立法府と行政府はラパス La Paz にある。

　この国のあるアンデス地方は、12世紀ごろからチチカカ湖の周辺にアイマラ族の王国がいくつか栄えていたが、15世紀中ごろにはインカ帝国に組み込まれた。そして16世紀前半に起こったインカ帝国の崩壊とともにスペインの植民地になり、ペルー副王領によって統治された。植民地時代には16世紀中頃からアルトペルー Alto Perú と呼ばれている。1776年にはペルー

副王領からリオデラプラタ副王領に編入されたが、19世紀に入ると独立運動が起こる。ボリバルの軍隊に支援されて独立戦争が戦われ、1825年にスペインから独立した。しかし独立してからのこの国の運命は、かなり悲惨である。

　19課で紹介されたように、1879年にチリとの国境紛争（太平洋戦争）が起こったが、1883年にはこの戦争に敗北し、太平洋沿岸部の領土を失った。それ以降、ボリビアは今日にいたるまで、海との出入り口がない内陸国になっている。1899年には北部のアマゾン上流でブラジル人のゴム採取労働者が反乱を起こし、その結果、1903年にはその地区をブラジルに割譲しなければならなかった。20世紀に入ると、この国の南部にあったチャコ地方Chacoのことであるが、隣国のパラグァイとのあいだで国境が定まっていなかったこともあって、ボリビアは大西洋への出口を求めてこの地方に進出した。他方ではこの地方に石油が出そうな観測があったことも重なって、両国はその領有を画策し、1928年には紛争状態に入る。一時休戦にもなったが、1932年にはパラグァイに宣戦布告し、死者10万人（3分の2がボリビア人）を出して1935年に終結した。1938年の和平協定でボリビアは大きな領土を失った（チャコ戦争）。結局、ボリビアの国土は20世紀の中ごろになると、独立当時の4割ほどになってしまっていた。なお、石油は出なかった。

20.1. ボリビアの人々

　人種的には混血国家であり、総人口の約7割が高地（西部）と山麓地帯（南部）に、残り3割が広大な平原地帯（東部）に居住している。人種構成は先住民が5割強、混血が3割強、白人が1割強となっている。西部の高地に居住する先住民はアイマラ族とケチュア族であるが、山麓地帯の先住民の大多数はケチュア族である。東部にはグァラニー族も居住している。人種の概念は文化的・社会的な要素が重視されるので、使用言語によって区分される傾向が大きく、身体的特徴や血統によるところが小さい。混血の人々はメスティソmestizoと呼ばれているが、先住民のなかにチョロ cholo（半ば白人化した先住民、女性はチョラchola）と呼ばれる人たちがいる。彼らはひとつの社会階層を構成しており、人種的には先住民であるが、スペイン語を話し、都市で経済活動に参加しつつ農村部と都市とをつなぐ役を果たしている。人口の都市集中現象が進み、6割以上の人たちが都市部に居住してい

る。

　なお、このような意味でチョロと呼ばれる先住民はペルーにも住んでいる。おそらくモチカ語（mochica 死語）のcholu「少年、青年」に由来するのであろうが、ペルーでは「（白人と先住民の混血の）メスティソ」の意味でも、「（家庭で働く先住民の少年の）召使い」の意味ででも使われている。

20.2. ボリビアのスペイン語：音声と文法の特徴

　ボリビアのスペイン語については比較的よくわかっている。3種類の地域（西部、東部、南部）に分けてその特徴を眺めてみよう。まとめれば以下の表のようになる。

　なお、先住民語などの影響に関しては、西部ではケチュア語・アイマラ語とスペイン語の二言語併用現象が目立つが、東部にはグァラニー語やブラジルのポルトガル語の影響があり、そして南部にはケチュア語やグァラニー語の影響がある。

S音法（5.）	起こっている。
Y音化現象（6.1.）	硬口蓋側音が維持されるところが多い。
文字b, d, gの発音（6.5.）	母音間のdが東部・南部で喪失。
文字sの発音（5.1.）	内破のsは西部（高地）や都会部で維持。
母音の発音（4.2.）	母音発音の交差あり。
文字rの発音（6.2.）	多震音は西部で歯擦音化、東部で維持。
文字jの発音（6.6.）	弱化。
その他の発音	南北アメリカ・スペイン語の標準。

ボス法（7.2.）	一部に残っている。
その他の待遇表現（7.3. など）	南北アメリカ・スペイン語の標準。
人称代名詞の用法（8.）	南北アメリカ・スペイン語の標準。
名詞の用法（9.）	南北アメリカ・スペイン語の標準。
動詞の用法（10.）	西部ではsaberの特殊用法がある。
その他の用法	示小辞の使用が目立つ。先住民語系のものもある。

A．アンデス高原地帯（西部）の言語的特徴

1）**Y音化現象（6.1.）**：この現象はなく、文字llに対応する硬口蓋側音の発音が維持されている。先住民語の影響であると考えられる。
2）**内破音のs（5.3.）**：この発音も維持されており、気音化はしていない。
3）**多震音のr（6.2.）**：歯擦音化している。
4）**母音の交差**：学習過程の中間言語的なスペイン語様態では、母音のeとi、oとuが交差する（pecho [pícu]「胸」、duele [doíli]（← doler「痛む」）など）。
5）**示小辞（9.3. の3）**：-ito, -ita; -cito, -citaの使用頻度が高い（solocito ← sólo「～だけ」、pancito ← pan「パン」、aquicito ← aquí「ここで」、ahorita ← ahora「いま」、biencito ← bien「良く、上手に」）。
6）**動詞saber（10.8. の4）**：スペインの標準語では「知る」という意味であるが、solerの意味「よく～する」での使用が増えている（Sabemos visitarlo cada fin de semana.「私たちはたいてい毎週末、彼を訪問します」）。

B．東部の平原地帯の言語的特徴

1）**Y音化現象**：文字llに対応する硬口蓋側音の発音が維持されているが、この発音に対応する音素のないグァラニー語などの系統の人たちには、半子音の [j] を単一発音にするY音化現象が見られる（caballo [kabájo]「馬」）。
2）**内破音のs**：内破音のsは気音化するし、語末では消失もする。
3）**多震音のr**：多震音（歯茎ふるえ音）が維持されている。
4）**母音間のd（6.5. の2）**：この発音は喪失することが多く、過去分詞では語末の母音oが閉音化するので、perdido [perdíu]（← perder「失う」）のような発音になる。
5）**示小辞**：スペインの旧カスティリア地方で使われている示小辞の -ingo, -ingaが多用されている（sabadingo ← sábado「土曜日」、fiestinga ← fiesta「お祭り、パーティー」、aquicingo ← aquí「ここで」、biencingo ← bien）。またスペイン語の別の示小辞に付加されて強調され、ahoritinga ← ahorita、chiquitingo, chiquititingo ← chiquito「小さい」、poquitingo, poquititingo ← poquito「少し」などとなる。

C. 南部の山麓地帯の言語的特徴

1）**Y音化現象**：文字llに対応する硬口蓋側音の発音が維持されているが、一部にはY音化現象も見られる。
2）**内破音のs**：この発音は都会部で維持されているが、非都会部では気音化する。
3）**母音間のd**：この発音は喪失することが多い。
4）**文法面の特徴**：まだ詳細な調査が行なわれていないが、高地と同様の現象が見られるはずである。ボス法も聞かれる。

20.3. ボリビアのスペイン語：語彙の特徴

　西部（高地）では先住民諸語の影響が強く、一般語における概略の判定だが、アイマラ語系の語彙が2千以上、ケチュア語系の語彙が3千以上ある。
　東部（平原部）では高地と共通する要素のほかに、古語の維持が目立つ。vide = vi（← 動詞ver「見る」）、truje = traje（← traer「持ってくる」）、haiga = haya（← haber［助動詞］）、dizque「おそらく」、endenantes「以前は」、malaya「あれまあ！、くそっ！」など。
　南部（山麓部）では古語の維持など、東部と共通する面がある。そして珍しい音形の単語が使われている。副詞dentro「なかに」の影響がうかがえる動詞dentrar ← entrar「入る」、母音連続を避ける異化の現象でできた動詞leyer ← leer「読む」、古語系のhaiga = haya（← haber［助動詞］）、音位転換のnaide ← nadie「だれも～ない」、母音間のdの喪失とそれに続く二重母音化でできた副詞tuavía ← todavía「いまだ」など。

20.4. 教養口語の例（CD Track 8）

　ボリビア人のスペイン語研究者にこの国のスペイン語の事情をたずねてみた。特徴的な語法を探してみよう。

1 — Hombre, entonces... ahh... quisiera saber... algo sobre el español de, de
2 Bolivia... de, de tu patria. — Muy bien, para empezar... allá usamos, más que
3 todo, el nombre de 'castellano' — castellano — raramente 'español', porque

4   eso es... España, México, Caribe. Entonces, 'castellano' es la lengua... por
5   nombre, ¿no?, pues nada. E... luego... e... en, en Bolivia el castellano... es
6   interesante, porque tiene una... diremos... ehh... un par de variedades
7   importantes. Uno en la parte occidental, que ha estado en contacto con las
8   lenguas andinas, aimara y quechua, tiene algunos rasgos que posiblemente
9   se motiven ahí, digo posiblemente, porque no es nada fácil, estamos
10 estudiando eso hace tiempo (...), hay algunas cosas interesantes, y... Por otra
11 parte en el a... toda la zona oriental, donde no hay esas lenguas, hay muchas
12 lenguas indígenas, pero son de grupos ehh... pequeños.   — ¿En la zona
13 amazónica?...   — amazónica y suramazónica. (...) Entonces, las lenguas son,
14 digamos, hablados por tres mil, diez mil, veinte mil..., y no es gran cosa,
15 ¿no?, contacto mismo no hay como fenómeno. Ehh... luego... en... Bolivia...
16 hay... diríamos, bastan... algunas, algunas muestras de lo que se ha llamado
17 'arcaísmo'. — Jaján... — O sea, por ejemplo, la *elle* es en todo el país... — (...)
18 — lateral palatal, ¡claro!, se dice 'valla', se dice 'gallo', y jamás... au... habrá (...)
19 el yeísmo allí, ¿no? Está muy fuerte la *elle*... pue(s) a que... por el sur de
20 Argentina tienen el, la *ya*, el relajamiento, y el Perú con el yeísmo, pero
21 nosotros esta... (...) muy, muy fuerte la, la, la... *elle*. — ¿Ese rasgo es gracias
22 a la lengua quechua o aimara? — Ehh... posiblemente, posiblemente. Pues
23 no es...— (...) — Claro... exi... posiblemente quechua y aimara han reforzado
24 la permanencia, pero nada más. No es, no es que... es un problema
25 interesante, porque tal vez allí han quedado fuerte...mente... diremos,
26 conservados los rasgos del Norte de España, ¿no?, que trajeron los..., los de...
27 León, Burgos... de esa época en que pronunciaban la *elle*, han quedado acá
28 y... con la *elle* de las lenguas indígenas se han conservado..., posiblemente.
29   Pues, luego, ehh... otro interesante rasgo en(...) Bolivia es que la... la... zona
30 occidental, que es... que es demográficamente la mayor... o sea, sesenta,
31 setenta por ciento de habitantes pronuncia la *erre* vibrante múltiple de
32 manera asibilada. — Jujún... — O sea, no dice 'rra-na', sino dice [ř̌a-na]. Eso
33 es la mayoría de todo... educada, no educada, igual. Ese es un rasgo que
34 está en todos los estratos. Fuera de ello, pues... ehh... hay una diferencia de,
35 (...) tan interesante entre Oriente y Occidente. Es la *ese*. En el Oriente la

36　*ese* es próxima a lo que ocurre en el Caribe..., se... se relaja y se vuelve un
37　poco aspirada, pero no se pierde generalmente. En cambio, en la zona del...
38　de... influencia quechua y aimara *ese* es muy fuerte, conservada
39　plenamente. No hay ninguna... Eso a grandes, grandes líneas sería más o
40　menos el... el habla, y después... tal vez... nuestras consonantes están,
41　diremos, sin problemas, o sea..., articulamos, alguna que otra vez se pierde,
42　pero no tanto como en... en el Caribe hay mucho de eso, ¿no?, se... se
43　elimina... — sí, sí — al final, entrevocálica, es... para eliminarse.

20.5. 問題

1）発音
　a. S音法の例を3ヶ所あげなさい。
　b. llの発音が正確な硬口蓋側音になっている。例を3ヶ所あげなさい。
　c. 内破音のsの発音はどうなっているだろうか。例を3ヶ所あげなさい。

2）文法
　a. 10行目の前置詞的用法の hace は、スペインの標準語ならどのように言われるだろうか。
　b. 34行目のestarの用法を観察しよう。スペインの標準語ならどうなるだろうか。

3）内容
　a. ボリビアでは「スペイン語」は何と呼ばれているのか。メキシコではどうか。
　b. ボリビア東部の先住民はどのような集団か。
　c. この研究者がボリビアの古語用法と呼んであげている現象（17行目）は何か。
　d. その現象と先住民語との関係について、どう言われているか。
　e. 29行目から述べられているが、この国の西部の発音に特徴的な現象はなにか。
　f. 子音sの発音について、東部と西部との違いを説明しなさい（35-39行目）。

21. パラグァイ

正式な国名	República del Paraguay
人口	620万人（日本 1億2千8百万人）
国土	40万7千平方キロ（日本 37万8千平方キロ）
首都	Asunción
公用語	スペイン語、グァラニー語
スペインの植民地時代	1767年までイエズス会の教育村があった
スペインからの独立	1811年

　パラグァイは南アメリカの中央南部にある共和国であり、南はアルゼンチン、北東はブラジル、北西はボリビアと国境を接する、人口6百万強の内陸国である。首都はアスンシオン Asunción。国の中央を南北に貫流するパラグァイ川 Río Paraguay によって国全体が東部と西部に分けられる。東部は国土の4割と人口の9割以上を占め、地勢的には丘陵地帯と平原とが交錯している。比較的降雨量が多く豊かな森林地帯が広がっている。西部は国土の6割を占めるが住民は極端に少なく、全体がグラン・チャコ Gran Chaco と呼ばれる大平原（パラグァイ、ボリビア、アルゼンチンに広がり、ブラジルにも一部含まれている）になっており、乾燥した変化に乏しい疎林地帯である。

　アスンシオンはペルーとラプラタ地方とを結ぶ中継地として16世紀の前半に建設された。その当時はラプラタ地方なども管轄する総督府が設置されていた。この地はイエズス会が先住民グァラニー族へのキリスト教布教のための教育村（レドゥクシオン Reducción）を開いたことで有名であるが、1767年にイエズス会がスペインの全領土から追放されると、その布教活動は中断された。植民地時代に入ってからはペルー副王領が管轄していたが、1776年にリオデラプラタ副王領が設置されると、新副王領の領土に組み入れられた。

　19世紀に入って（1811年）スペインから独立したあと、移民受入れ禁止政策が半世紀近く続いたこともあり、ヨーロッパからの移民の数はアルゼンチンやウルグァイと比べると少なく、国民の9割以上が先住民と白人の混血だと言われている。また、1864年には国境を接するブラジル、アルゼンチ

ン、ウルグァイの３国を相手にして戦争を引き起こした（三国同盟戦争）。この戦争は1870年に終結したものの、パラグァイは敗れて領土の半分ほどを失い、開戦当時の人口約80万人が敗戦時には30万人弱に減っていたという。しかし20世紀に入ると、ボリビアとのチャコ戦争（1932-35）に勝ち、国の北西部に当たるチャコ地方を領土にすることができた（20課「ボリビア」を参照のこと）。なお、20世紀後半の人口増大率は驚異的である。1950年度の総人口は150万ほどであったが、21世紀に入ると６百万以上になっている。

21.1. パラグァイの言語

　パラグァイではスペイン語のほかにグァラニー語が公用語として使われる。この言語はトゥピー・グァラニー語族（アマゾン河の河口部から南米大陸の東側を下り、ラプラタ河流域までで使用されてきた先住民語群）の１方言であり、パラグァイ、ボリビアの公用語になっている。しかし統一された言語様態は存在しない。かつては文字を持たなかったので、現在でも記述に揺れがある（ブラジルではポルトガル語の、スペイン語圏ではその表記法に従っている）。パラグァイでは小学校から学習するが、彼らの日常語（後述の「ジョパラー」）とは異なる規範的グァラニー語であるので、生徒は学習に困難を覚えている。言語としての特徴には、鼻母音が多いこと、鼻音で始まる単語が多いこと、原則として語末にアクセントが置かれること、などがある。

　いまでこそパラグァイは、スペイン語とグァラニー語が公用語の単一国家になっているが（後者は1992年から公用語）、このように安定するためにはさまざまな問題を解決しなければならなかった。例えば、18世紀の中頃まで先住民の教化をはかっていたイエズス会士たちはグァラニー語で布教していたが、独立後の19世紀の中頃にはグァラニー語の使用が禁止された時期もあった。

　この国を全体としてみれば、国民のおよそ半数強がスペイン語を話し、９割近くがグァラニー語を話すが、全体の４割ほどがグァラニー語の単一言語話者であり、約半数がこの両言語の二言語話者であるし、スペイン語しか話さない人たちは全人口の約１割である、ということになっている。しかし都会部と非都会部では事情が異なる。都会部では人口の６割以上が二言語併用者であり、グァラニー語しか話さない者は26%ほど、そしてスペイン語し

か話さないものは13%弱、ということになっているが、非都会部では7割ほどがグァラニー語しか話さないし、3割ほどが二言語併用者であり、スペイン語とかグァラニー語以外の言語（ポルトガル語など）を話す人たちがそれぞれ数パーセントずつ存在する。

ということは、都会部では6割以上の人たちが二言語併用者であるから、パラグァイの標準的なスペイン語を提示するときには問題が生じかねない。スペイン語を話している人がグァラニー語を使うとき、自分のスペイン語に、部分的にグァラニー語を取り込んでいるのか、それが単一のスペイン語になっているのかの判断が難しいからである。

なお、この国では自分たちの混成言語をジョパラー yopará（あるいはグァラニー語での表記ではポルトガル語と同じように文字jを使ってjopará）と呼んでいる。もとはグァラニー語で「混ぜ物」を意味することばである。おもにスペイン語混じりのグァラニー語を指すが、ときにはグァラニー語混じりのスペイン語を指すこともある。このことばの存在そのものが、両言語の混成状態がいかに顕著であるか、ということを物語っている。

以下で、この国のスペイン語の特徴をいくつか紹介しよう。

21.2. 音声面の特徴

S音法（5.）	起こっている。
Y音化現象（6.1.）	起こっていない。
文字b, d, gの発音（6.5.）	母音間のdの弱化と消失。俗語でのbの発音。
文字sの発音（5.1.）	内破の位置で気音化や消失。
母音の発音（4.2.）	鼻音化の傾向がある。
文字rの発音（6.2.）	多震音の歯擦音化。
文字jの発音（6.6.）	弱化して、気音化。
その他の発音	南北アメリカ・スペイン語の標準。

1）母音発音（4.2. の6）：南北アメリカ・スペイン語の標準的な発音であるが、鼻音化の傾向がある。鼻音は先住民語（グァラニー語）の特徴であるから、その影響が考えられる。

2）有声両唇閉鎖音の発音（6.5. の3）：スペインの標準語と同様の発音が

なされているが、俗語のレベルではその消失や（obsequio [osékjo]「贈り物」）、lでの代替（absorber [alsorbér]「吸い込む」）、uでの代替（[aus̯orbér]、[ous̯ékjo]）などもある。

3）母音間の子音dの発音（6.5. の2）：母音間ではしばしば落ちる（nublado [nubláo]「曇っている」、mojado [moháo]「ぬれている」）。また、語末でも落ちることが多い（verdad [berdá]「真実」、ciudad [sjudá]「都市」）。

4）子音sの発音（5.3.）：内破の位置での気音化や消失が観察されるが、同一の発話者でも維持したり気音化したり消失したりしている（dos gallinas [dógaʎina]「2羽の雌鶏」、las vírgenes [labírhene]「処女たち」、jueves [hwébe]「木曜日」）。

5）文字rの発音（6.2.）：スペインの標準的な発音が行われる一方で、つぎのような調音も行なわれている。音節末のrの歯擦音化（Carlosのrなど）、多震音の歯擦音化（rico のrなど）、子音群trでのrの歯擦音化（otroのrなど）などである。

6）硬口蓋音の発音（6.1.）：破擦音 [ĉ] の発音には摩擦音化の報告はない。他方、文字llに対応する側音の発音と文字yの発音を区別することは、パラグァイの人たちの自慢にもなっている。すなわち、非Y音化の地帯であることになる。この点は、上記の子音群trの発音を考慮すると、それらが特徴となっているスペイン北部からの移民の影響であると考えることも可能であるが、グァラニー語の有声後部歯茎側音の音素 /l/ がスペイン語の側音に近い発音になるという傾向が関係しているかもしれない。

7）無声軟口蓋摩擦音 [x] の発音（6.6.）：文字jやge, giのgの発音は気音化している。

21.3. 文法面の特徴

ボス法（7.2.）	起こっている。
その他の待遇表現（7.3. など）	南北アメリカ・スペイン語の標準。
人称代名詞の用法（8.）	レ代用法がある。
名詞の用法（9.）	形容詞との性と数の不一致がある。
動詞の用法（10.）	南北アメリカ・スペイン語の標準。
その他の用法	南北アメリカ・スペイン語の標準。

1）性と数の不一致（9.1.、9.2.）：非教養語の階層では、文法上の性や数が一致しない使い方がよく聞かれる（camisa blanco「白いワイシャツ」、ríos profundo「深い川」、dos pan「2個のパン」、tres pantalón「3本のズボン」）。
　2）ボス法（7.2.）：ラプラタ河下流地域と似たボス法が行なわれているが、ボス法の動詞形と二人称単数（tú）の動詞形とが共存しているから、vos cantás; vos cantarás; cantá vos; vos cantes（← cantar「歌う」）のような組み合わせが聞かれる。
　3）三人称代名詞のle：三人称男性の直接目的語が代名詞になると、(lo, losのかわりに) le, lesが使われるし、三人称女性の直接補語が代名詞になっても（la, lasのかわりに）le, lesが使われることがある。これらの現象も、植民地時代にスペイン北部・中部（レ代用法leísmoが行われるカスティリア地方）からの移民が多かったことと関連づけられるかもしれない。

21.4. 語彙面の特徴

　いわゆるスペインでの古語やこの国独特の先住民語系の語彙が目立つ。たとえば、グァラニー語起源のことばでよく使われるものに、ñandú「アメリカダチョウ、レア」、ñandubay「（ミモザ科の木の）ニャンドゥバイ」、ñandutí「（繊細な刺繍の）ニャンドゥティー」、tereré「（マテ茶を水にひたして作る飲み物の）テレレー」、yopará「（トウモロコシ、サツマイモ、タマネギ、干し肉、インゲンマメなどで作るごた混ぜ料理の）ジョパラー、（上述のように、スペイン語混じりのグァラニー語、グァラニー語混じりのスペイン語を指す）ジョパラー」がある。

21.5. 教養口語の例（CD Track 9）

　ふたりの外交官に、パラグァイのスペイン語の特徴であるグァラニー語の事情をたずねてみた。発音では特に注意を引く点はないようである。グァラニー語の特徴がいくつか話されている。

1 ... y creo que en japonés también es 'kurusu', ¿no?　— No. Esa palabra
2 japonesa viene del español...　— Claro, claro...　— Este... y... 'Cristo', por
3 ejemplo, 'kirito'...　—'kirisuto'　—... 'kirisuto' ... allá en japonés... bueno, en... en

4 guaraní es 'kirito'... /.../ ... por la fonética, ... el hecho de... de que se usen
5 pocas... este... consonantes, unas seguidas de otras, y entonces, se pone
6 entre cada consonante, se pone una vocal: 'ki-ri-to', .../.../... en lugar de
7 'Cristo', *se-ere*: 'kirito' o 'kurusu'. —También algo muy interesante es que...
8 vienen voluntarios, porque los (?) ambos somos del interior del Paraguay,
9 no somos de la capital, ¿verdad?, pero generalmente en las gobernaciones...
10 departamentales...— Como usted verá acá, en el mapa....aa no está acá... —...
11 lo... se divide geopolíticamente en gobernaciones, y en cada gobernaciones
12 siempre van voluntarios de la... de la JICA, o de otra organización japonesa,
13 que no... no conozco el nombre. ... — tampoco recuerdo—... sí, pero les es
14 más fácil a los japoneses hablar guaraní que español --- aah, no me diga--- sí,
15 /.../ --- Hay un diplomático... japonés... no sé si sigue estando en Paraguay...
16 él ... creo que era encargado consular... de... de... Japón en Paraguay..., y él
17 hizo un curso de guaraní... y salió mejor egresado... en el curso de guaraní...
18 y mejor que los paraguayos mismos que estaban haciendo el curso... /.../...
19 sobresalió...en guaraní, y salió mejor, egresado mejor, mejor alumno del
20 curso de... de guaraní, bastante interesante, pues su... su......
21   ... y ahora un poco sobre... el 'yopará'. --- 'yopará' ... /.../... la verdad es que
22 el yopará es el medio por el que, por el cual los paraguayos entre sí nos
23 relacionamos. Resulta que... como tenemos dos idiomas oficiales, el español
24 y el guaraní, este... pero el guara... el español ya... desde hace mucho tiempo
25 nuestro idioma oficial; el guaraní, por costumbre, porque es... este... idioma
26 de nuestros ancestros de los indio-guaraníes... siempre lo hemos tenido,
27 pero no en forma oficial. Mucho tiempo el guaraní... incluso fue...tenido como
28 un idioma... de gente... de gente mal educada... /.../... de gente baja, — de
29 bajo nivel— de bajo nivel... pero actualmente el yopará es... bueno, yopará,
30 no, el guaraní... ya está considerado al mismo nivel que el español en
31 Paraguay. Ya tiene el rango... en la Constitución paraguaya ya está
32 establecido que ambos idiomas tienen el mismo nivel. Incluso el guaraní se
33 está estudiando... en ... este... en Brasil..., en la Universidad de la Sorbona.
34 /.../ Y en Paraguay... sirve como amor de relacionamiento, y de
35 identificación entre los paraguayos. — No es lo mismo, — Sí — No es lo

36　mismo decir una frase en español que decir la misma cosa en guaraní... que
37　decir la misma cosa en yopará. Tiene otra... de repente, si yo le llamo la
38　atención a usted... y de repente le digo "No toque eso",... en guaraní le digo
39　"Aní repocó [...]"... Eso es... pareciera que el guaraní tiene más énfasis y... las
40　mismas cosas... las palabras dulces, las palabras bellas... tienen más
41　sentimiento en guaraní... que en español...　— Y, y ¿de dónde viene la
42　palabra 'yopará'? 'Yopará' es una palabra guaraní que quiere decir
43　"mezcla". ...　— 'yopará' es mezcla... en la comida, por ejemplo, 'yopará', la
44　comida 'yopará'... es una mezcla de ciertas...

注：39行目のグァラニー語は、よく聞き取れないままテープ編集をしたので [...] の部分をカットしたが、文の全体は、正式には Ani repoktei uprehe. となるようである。

21.6. 問題

1）発音
a. S音法の現象を聞き分け、3ヶ所をあげて説明しなさい。
b. 内破音のsの気音化と消失も聞かれる。3ヶ所あげなさい。
c. 5行目に母音間の子音dが消えている個所がある。どこだろうか。

2）内容
a.（1-7行目）グァラニー語の音節構造の特徴が述べられている。これまでに使用したスペイン語の教科書で音節の構造を調べ、グァラニー語がどのような構造の音節の言語であるのか、スペイン語と比較して説明しなさい。
b.（13-20行目）日本人とグァラニー語の学習のことが話されている。要約しなさい。
c.（30-41行目）パラグァイにおけるグァラニー語の、言語としての特別な意味が述べられている。要約しなさい。
d. 'yopará' とはどのような意味だと言われているのだろうか（42行目以下）。

22. チリ

正式な国名	República de Chile
人口	1680万人（日本 1億2千8百万人）
国土	75万7千平方キロ（日本37万8千平方キロ）
首都	Santiago
公用語	スペイン語
スペインの植民地時代	1541年頃からペルー副王領
スペインからの独立	1818年

　チリは南アメリカ大陸の南西部に位置する共和国である。北はペルーとボリビア、東はアルゼンチンに接している。首都はサンティアゴSantiagoである（スペイン語圏にはこの名がついている大きな町がいくつかあるので、この首都はよくSantiago de Chileと呼ばれる）。およそ1700万弱の人口を擁するこの国は、東のアンデス山脈と西の太平洋に挟まれた南北4200キロ（日本の本州は約1500キロ）、東西平均180キロの細長い領土を占めており、北の砂漠地帯から南の氷河地帯まで多様な地勢の地域で構成されている。そのアンデスには6千メートル級の山が数箇所あるが、なかでもアコンカグァAconcagua（国境沿いのアルゼンチン領）は6,959mである。また、太平洋上には、巨大な頭部の石造彫刻であるモアイmoaiで有名なイースター島Isla de Pascuaを領土として持っている。その縦型の細長い国が横割りの13の行政地域に分けられている。12の州（región）と首府特別州 Región Metropolitanaである。南北では気候上の差も顕著である。国は北部、中央部、南部（およびパタゴニア）に分けることができるが、北部はきわめて乾燥しており、チリ硝石・銅・銀などを産するアタカマ砂漠（Atacama）などがある。中央部は地中海式気候で夏は乾燥しているが冬は雨が降り、重要な農業地帯となっている。南部は雨量が多い針葉樹林地帯（穀物生産地帯）であり、その南のパタゴニアでは羊の放牧が行われている。国の南端はホーン岬Cabo de Hornosだが、そこは大陸の一部ではない。大陸の南端にはマゼラン海峡Estrecho de Magallanesがある。その南に、アルゼンチンと共有するフエゴ島Tierra del Fuegoがあり、またその南にある島の南端がホーン

岬になっている。

　ペルーからスペイン軍がやってきてアラウコ Arauco と呼ばれる地に砦を作った。それゆえ、スペイン人はその地の先住民の言語をアラウコ語（el araucano）と呼ぶことになった。サンティアゴの建設は1541年である。植民地時代はずっとペルー副王領の管轄下にあった。19世紀に入って独立運動が盛んになるが、その独立はアルゼンチンから遠征したサンマルティン José Francisco de San Martín の軍隊によって1818年に達成された（しかしスペインが独立を承認したのは1844年）。チリ側の独立の立役者は、父親がペルー副王領の総督であったオイギンス Bernardo O'Higgins である。サンティアゴの大通りにその名を留めている。

　19世紀の後半にはペルー・ボリビア同盟軍を相手にして太平洋戦争 Guerra del Pacífico を起こす（1879-1884）。その当時には火薬の成分として世界的な需要があった硝石をめぐる戦いであるが、チリは勝って、北部の領土を拡張することになる（19課「ペルー」を参照のこと）。

　20世紀の後半には、南米には珍しい政変が起こる。チリは早くから議会主義が確立されており、1970年にはアジェンデ Salvador Allende を大統領にした社会主義政権が誕生し、キューバやソ連と急接近することになる。しかし1973年にはピノチェー将軍 Augusto Pinochet がクーデタを起こして政権を掌握し、以後、軍事独裁の政治が続いた。反対派に対するすさまじい粛清は我々の記憶にも新しい。1990年に民政に移行し、その後は民主的な政治が行われている。

22.1. チリの人々

　住民の多くは白人である。純粋な先住民は少なく、総人口の２％程度にすぎない。白人はスペイン系が中心であるが、南部にはドイツ系の人たちが多く、そこではドイツ語も日常語として用いられている。アラウコ族はチリの先住民であるが、彼らは自分たちをマプチェと呼んでいる（マプチェとは彼らのことばで、mapu「大地」＋ che「人々」）。彼らはスペイン人の支配を嫌い、19世紀後半までの長い間その支配に抵抗してきたので、結果としてマプチェ語（アラウコ語）からチリの標準スペイン語に入った要素はかなり少ない。

　なお、この国の生ビールはチョップ chop, shop, schop と呼ばれている。ド

イツの影響である。このことばはドイツ語のSchoppen（半リットルの液体の量の単位で、その容量の生ビール用のグラス）から来ている。

22.2. チリのスペイン語

　チリのスペイン語は地域差が小さく、際立った特徴による方言区分は難しいものの、言語的には4種類の方言地帯に分けられることがある。北部、中央部、南部、そして南部の沿岸部に広がっているチロエ群島だが、ここには古い先住民の影響が残っていて文化的にも経済的にも特異な存在であるため、第4の方言地帯とされる。国全体のスペイン語は比較的一様であるが、例外的な地域が3種類ある。ひとつは北東端の地域で、そこはペルーやボリビアと接しているが、住民の多くはアイマラ族起源の人たち（数千名）であり、そのスペイン語は際立って古語的な性格を帯びている。つぎはチロエ群島（約30万人）であり、古語的特徴と新語的特徴が混在している。3番目はマプチェ族が集まっている南部の非都会部の地域（約40万人）であるが、そこのスペイン語はマプチェ語の影響を受けて独特の様相を呈している。チリの標準スペイン語の特徴をいくつかあげておこう。

22.3. 音声面の特徴

S音法（5.）	起こっている。
Y音化現象（6.1.）	一般的に起こっている。
文字b, d, gの発音（6.5.）	母音間のdの消失。
文字sの発音（5.1.）	内破の位置で気音化・消失の傾向が強い。
母音の発音（4.2.）	非強勢母音の発音は不安定。
文字rの発音（6.2.）	多震音や子音群trのrの歯擦音化。
文字jの発音（6.6.）	弱化。母音e, iの前で硬口蓋音化。
その他の発音	軟口蓋音 /k/, /g/ も母音e, iの前で硬口蓋音化。文字fの両唇音発音。文字vの唇歯音発音。

1）母音の発音（4.2.）：非強勢母音の発音は不安定であり、よく音色変化する。北部では閉音化の傾向がある（monte [mónti]「山」、gato [gátu]「猫」、despacho [dihpâĉo]「食料品店」）。ここには3音素母音体系のアイマ

ラ語の影響が考えられる。

2）内破音のs（5.3.）：明確な発音もあるが、気音化して消失する傾向が強い。なかでもその気音化が目立つが、標準発音の明確な維持は古語的な印象を与えかねない。

3）Y音化現象（6.1.）：この国では全般的にこの現象が見られるが、ほんの一部では文字yの発音と文字llの発音が区別され、後者の側音性が維持されている。しかしそういう地域でも並行してY音化現象が起こっている。

4）軟口蓋音の硬口蓋音化（6.6.）：スペイン系アメリカのその他の地域と比べてチリ全域の特徴となる音声現象に、この（中部）硬口蓋音化がある。前部系列の母音e, iが後続するときの音素 /k/, /g/, /x/ に対応する発音のことである（22.6. の教養口語の発音を参照のこと）。とくにgi, jiの発音は、日本語のハ行のヒの子音の発音に非常に良く似ている。

5）子音群 trの歯擦音化（6.2. の2）：チリでは文字rの単震音と多震音の発音がはじき音になったり摩擦音になったりする傾向があるが、とくに子音群trの発音は、あたかも破擦音であるかのように聞こえるほどである。非都会部の数地点ではスペインの標準的な発音が維持されている。

6）文字fの発音（6.4.）：唇歯音ではなくて両唇音発音が目立つ。

7）文字dの発音（6.5. の2）：母音間で消失する傾向が強い。

8）文字vの発音：両唇音ではなくて、唇歯音発音が目立つ。

22.4. 文法面の特徴

ボス法（7.2.）	残っていて、トゥ法と共存。
その他の待遇表現（7.3. など）	南北アメリカ・スペイン語の標準。
人称代名詞の用法（8.）	三人称代名詞の交差現象。
名詞の用法（9.）	南北アメリカ・スペイン語の標準。
動詞の用法（10.）	未来時の迂言法。
その他の用法	指示詞の二項対立化。

1）ボス法（7.2.）：この国では二人称単数の話し相手に対する待遇表現としてボス法（voseo）とトゥ法（tuteo）が共存している。教養階級ではトゥ法のほうが優勢であり、ボス法は意識的に避けられているが、非教養階級で

はボス法が一般的になっている。だからその使い分けは地理的基準と同時に社会的基準に従っている。そして北部の一部や南部のチロエ群島ではトゥ法が優勢であるし、主格人称代名詞のボス法と動詞活用形のボス法がトゥ法と交差している地域もある（「君は歌う」のvos cantáis [bóh kantái̯] と tú cantas [tú kántah] が、[bóh kantái̯] とか [vóh kántah] に、[tú kántah] とか [tú kántái̯] になる）。20世紀の前半には教育によってボス法を駆逐する努力がなされた。その結果であろう、代名詞vos自身は下品であるとされている。

2）未来時の表現（10.3.）：未来時の表現には単純時制のcantaré（← cantar「歌う」）の活用形も使われるが、一番よく使われるのは迂言法の「ir + a + 不定詞」の形式である。教養階級では単純時制の形もよく使われる。

3）指示詞：話しことばでは、三項対立の指示詞が二項対立になってきている。すなわちesteとeseだけが使われていて、aquelの系列は書きことばでしか使われなくなっている。

4）受動表現：受身の表現では、標準的な「ser + 過去分詞 + 行為者」（El acuerdo fue firmado por todos los ministros.「その協定は大臣全員によって署名された」）よりも、「se + 行為者」（Se firmó el acuerdo por todos los ministros.）のほうがよく使われる。後者はスペインの標準語では非文法的である。

5）三人称代名詞の交差現象（8.1. の5）：三人称単数の対格代名詞のlo, laが与格複数の代名詞lesとともに使われるとき、標準的にはse lo, se laになるが、そうではなくてse los, se lasになる、という交差現象が起こっている。

22.5. 語彙の特徴

いくつかの種類の特徴的な語彙がある。たとえば本来のスペイン語の語義が変化したものがある。al tiro「すぐに」（← tiro「射撃」）、roto「下層階級の」（←「壊れた」）、volantín「凧」（←「（数本の針がついた）釣り針の仕掛け」）など。また、先住民語系のものもある。charquicán「（料理の一種の）チャルキカン」（← ケチュア語系のcharqui（「干し肉、ジャーキー」、英語でjerkyとなる）+ マプチェ語kan「料理する」）、copihue「（マプチェ語系

で、植物の一種の）コピウエ」、diuca「（マプチェ語系で、小鳥の一種の）ディウカ」、enguatarse「飽食する」（← マプチェ語系のguata「腹、胃袋」）、pololo, la「恋人」（← pololo「（いつも雌雄一対でいる昆虫の）ポロロ」← マプチェ語polumen）などである。

22.6. 教養口語の例（CD Track 10）

　チリのスペイン語学者にこの国のスペイン語の特徴をたずねた。話す速度は早いが、特徴的な発音を聞き分けてみよう。内容も面白い。

1 ... depende del nivel, primero del pla(no), del nivel de la lengua, nivel
2 fonológico, léxico, o sintáctico o superior, y luego hay en Chile, como ocurre
3 en todas las variedades del español americano, bastante diversidad regional,
4 al interior del país. /.../ Santiago de Chile es la capital, es la capital
5 económica, política, pero también es la capital cultural, y por lo tanto es
6 centro irradiador de, de... variedad lingüística, o de la norma, de la norma
7 estándar que prima en Chile. En lo... en lo fonético... primero, en lo
8 fonológico... en general... en el español de Chile tenemos un sistema de
9 veintidos fonemas, que es lo común en América, aunque ... quedan, pero
10 quedan ancianos, que mantienen todavía una... la doble *ele* palatal..., de
11 'pollo', 'calle'... todavía hay algunos, pocos ancianos, no sé si todavía hoy,
12 pero quedaban ancianos, no en Santiago, sino en zonas rurales del Centro
13 Sur, aah... pero es algo muy ... es muy poca gente, y normalmente los
14 hablantes de Santiago de Chile no saben eso... o sea, una información que,
15 que normalmente el chileno no conoce... y de hecho,... hijos de hablantes con
16 este rasgo, con eata palatal, con esta *ele* palatal, no la realizan ya.
17 　... El léxico, yo, ay, soy bastante ignorante, pero, pero... eemm...[...]... hay
18 influencia mapuche.... ― mapuche, sí...― y quechua también, y aimara... en
19 las lenguas indígenas... Por ejemplo... llamamos 'guata' a la barriga, 'guata',
20 que es voz mapuche, y al trasero, lo llamamos 'poto', ...[...]... lo llamamos
21 'poto', y es también voz mapuche. El resto de un cigarrillo... la colilla del
22 cigarrillo, ... lo llamamos 'pucho', que también es voz mapuche. Ah...cuando
23 la gente va al baño a... a orinar... se habla de que va a hacer 'pichí', que

24 también es voz mapuche,... o sea...hay en el habla coloquial, pero, hasta
25 donde entiendo, quienes se dedicaban al tema mostraban que la frecuencia
26 del léxico mapuche es baja. — Pero, ¿el 'pololo'...? — 'Pololo' también se
27 utiliza, pero es... claro el... tiene una denotación de un, de un coleóptero, o
28 sea se utiliza para denotar un coleóptero. ¿Entiende a... ? Un coleóptero,
29 que es un tipo de insecto. Y también se utiliza para una relación de
30 noviazgo... relativamente estable, pero que no conduce necesariamente al
31 matrimonio... ahh.. sino que es una relación de un... eso... Es muy interesante,
32 porque los jóvenes van cambiando estos términos, y van marcando... es
33 como que cada vez quisieran marcar menos el compromiso. Ah... entonces
34 los novios pasaron a ser 'pololos', y en mi época eran 'pololos', se sigue
35 usando hoy día 'pololos', pero también se habla de que 'están andando'
36 cuando es menos todavía..., y también de que 'están saliendo' cuando es
37 menos todavía, o que 'se ven', ... ah, eh... y hay una serie de términos que
38 aparecen y desaparecen... generacionalmente en este, en ese ámbito. Ahora,
39 claro, 'pololo' se mantiene, 'pololo' se ha mantenido y... es la forma en que
40 normalmente... es la forma... uno no habla en Chile de novios. El 'novio' es el
41 que se está casando...

注意：マプチェ語系であると説明されている単語のうち、pichíには語源に関する解釈が分かれている。スペインには同義の幼児ことばにpipíがあるが、これと同じようにオノマトペ（擬音語・擬態語）でできていると主張する研究者もいる。

22.7. 問題

1）発音
   a. 全般にS音法が行われている。3ヶ所あげて、その現象を説明しなさい。
   b. 3行目、13・14行目などに内破音のsの気音化が聞かれる。3ヶ所あげて説明しなさい。
   c. Y音化現象はないだろうか。探しなさい。
   d. 13行目のgenteの発音を聞き、硬口蓋音化の様子を説明しなさい（cf.

22.3. の 4 ）。
2）文法
   a. 41 行目の [estar + 現在分詞] の意味を推測しなさい。
3）内容
   a. （9 行目）チリのスペイン語の音素の数はいくつだと言われているか。その音素の種類を、4.2. の 2 と 4.3. の 1、および「付録」の 1.4、1.5. を読んで確認しなさい。
   b. マプチェ語系の単語をひろいあげて、その意味を確認しなさい。
   c. （29 行目以降）チリのスペイン語では、若者たちは男女の仲についていくつかの言い方を使っているという。どのような言い方があるのだろうか。また、pololo と novio との間にある違いを説明しなさい。

ラクダ科の動物たち camélidos

　ラクダ camello, lla とは、哺乳綱偶蹄目ラクダ科ラクダ属に含まれる動物の総称です。ラクダといえば、ヒトコブラクダとフタコブラクダがよく知られていますが、どちらもユーラシア大陸の動物です。他方、アンデス山脈にもラクダ科の仲間がいます。家畜のリャマ（あるいはラマ、ヤマ）とアルパカ、野生のビクニャ（あるいはビクーナ）とグァナコの 4 種類です。家畜の 2 種類の個体数は野生の 2 種類よりもはるかに大きい。しかしこの 4 種類の生息する地域では、それらよりもヒツジのほうが多いようです。

　ラクダ科の動物は 4500 万年前に北アメリカで誕生しましたが、約 1 万年前の氷河期の終わりごろ、北アメリカから姿を消します。しかしその頃までには、彼らも世界のその他の地域に分散していました。

　リャマ llama は同音同義のケチュア語からの借用語。荷物の運搬用に使われ、肉や毛皮も供給するし、糞は燃料になります。コブナシラクダとも呼ばれます。紀元前 5 千年ごろには家畜化されていました。アルパカ alpaca は同義のアイマラ語 all-paka からの借用語で、その高級な毛から世界的な共通語になっています。ビクニャ vicuña は同義のケチュア語 vicunna からの借用語。グァナコ guanaco も同義のケチュア語 wanaku からの借用語です。

23. ウルグァイ

正式な国名	República Oriental del Uruguay
人口	350万人（日本 1億2千8百万人）
国土	17万5千平方キロ（日本 37万8千平方キロ）
首都	Montevideo
公用語	スペイン語
スペインの植民地時代	18世紀後半からリオデラプラタ副王領
国家としての独立	1828年、アルゼンチンとブラジルの緩衝地帯として

　ウルグァイは日本の半分弱の領土だが人口はわずか350万の国である。スペインの植民地時代には、ウルグァイ川の東岸に位置することからバンダ・オリエンタル（東岸の帯状地帯）Banda Orientalと呼ばれた（その名残りが現代の国名República Oriental del Uruguay「ウルグァイ東方共和国」に見られる）。首都はモンテビデオMontevideo。この地方は鉱物資源に乏しいため、開発は遅れた。北側のブラジルと西側のアルゼンチンという二大国に挟まれていることからも推測できるように、この土地には両国の間で所有が争われた経緯がある。18世紀後半からリオデラプラタ副王領（1776年に設置）に統治された（独立は1828年）。地形的にはブラジル南部の台地とアルゼンチンのパンパとの移行地帯に属しており、標高が6百メートルまでのなだらかな丘陵が延びている。農牧業の適地が国土の9割近くに達し、ラテン・アメリカの平均値である2割強を大きく上回っている（山林の多い日本は1割強）。気候は一般に温暖でしのぎやすい。

　16世紀に入ってからのことだが、スペイン人がラプラタ川からウルグァイに上陸した。しかし、貴金属を産出する山はなく、使役に当てるインディオの数も少なかったので、この地は植民地としての魅力に乏しかった。17世紀に入ると、いまのモンテビデオのあたりに牧畜をする人々の村落ができた。17世紀の末ごろ、ブラジルのポルトガル人がブエノスアイレスの対岸に自分たちの町を建設したが、ポルトガルと対立しているスペインは危機感を抱き、アルゼンチンのスペイン総督が1726年モンテビデオに砦を築いた。

ブエノスアイレスは1810年にスペインからの独立を宣言するが、その方向が定まらず、1816年に再度、独立を宣言することになる。そして一方のブラジルは1822年にポルトガルからの独立を宣言した（独立したブラジルは19世紀末まで君主制の帝国であった）。

　ウルグァイの地域は1810年のブエノスアイレスの独立宣言によって、スペインの植民地である時代が終焉する。しかし1811年、人々は、今度はブエノスアイレスの中央集権的政治に反対して、ブエノスアイレスからの独立運動を起こし、共和制政治を実現しようとした。ところが、スペインからは独立したものの、ブラジルからポルトガル軍が侵略してきて、占領されてしまう。この年から1830年までが、実質的な独立運動の時代だが、その過程は複雑を極めた。スペインからの独立だけではない。ブエノスアイレスとの闘争があった。ブエノスアイレスの独立運動勢力は、自分たちがこの地にあったスペインの統治権を継承するという姿勢を示し、かつての副王領をスペインに代わって支配しようとしていたからである。さらに、ブラジルの侵略もあった。

　ポルトガルとブラジルは国土拡張の野望を持っていて、この地の支配権を獲得したがっていた。ブラジルは1822年にポルトガルから独立したが、ウルグァイの地をブラジルの領土の一部とみなしていた。1825年、ウルグァイ人たちはアルゼンチンの援助を得てブラジル軍と戦い、モンテビデオを奪回した。ブラジルからの独立である。しかし1827年、ブラジルはウルグァイに宣戦布告して全面戦争に入った。ウルグァイはアルゼンチンの援助を得てブラジル軍を追い返すことに成功し、翌1828年、イギリスの調停が入り、ブラジルとアルゼンチンがウルグァイを両国の緩衝地帯として独立させることを承認した。ここにいたって、ようやく独立が確かなものとなった。

23.1. この国の人々

　国民の9割以上は白人系で、南アメリカではアルゼンチンに次いで白人の比率が高い（白人の比率の高い国には、ほかにチリがある）。これはアルゼンチンと同じく19世紀後半以降、イタリアをはじめとするヨーロッパ諸国から大量の移民が流入したことによる。南部はカナリア諸島出身のスペイン人が多い。北部にはブラジル（ポルトガル）人の移民が目立ったが、その痕跡は薄らいでいる。

ブラジルから独立宣言した1825年には、この国には7万4千の人口があったが、1860年には22万人、1874年には46万人、1885年には58万人、1900年には94万人にと、急激な膨張を遂げた。これでわかるとおり、19世紀後半には「移民の大洪水」がウルグァイに押し寄せてくる。大多数はイタリア系とスペイン系の移民である。その流入はさらに続き、20世紀の百年間でこの国の人口は3倍以上にふくれあがっている。

23.2. ウルグァイのスペイン語

　首都のモンテビデオは1726年にブエノスアイレスからの移住者によって建設されたことから、そしてその後の頻繁な人的交流によって、この両都市のスペイン語は酷似している。方言区域として南部と北部が区別される。南部はアルゼンチンのスペイン語との接触が濃く、北部はブラジルのポルトガル語との接触が強いことに起因する区分である。またブラジルとの国境地帯にはポルトガル語と融合した独特のスペイン語が話されている。たとえば、「ブラジルとの国境地帯で話されるポルトガル語混じりのスペイン語」はバジャノ el bayano と呼ばれている。ウルグァイとの国境に近いブラジルの町バジェ Bagé の固有名詞から形成された呼び名であろう。しかしウルグァイは意識してスペイン語単一国家になることを目指した。教育によってポルトガル語を排除していったのである。なお、「ブラジル人」を指す標準的なスペイン語 brasileño のかわりに、ウルグァイやアルゼンチンでは brasilero が使われているが、これもポルトガル語 brasileiro の影響である。

23.3. 音声面の特徴

S音法 (5.)	起こっている。
Y音化現象 (6.1.)	一般的。有声摩擦音 ([ž]) の無声化 ([š])。
文字b, d, gの発音 (6.5.)	ほとんど閉鎖音の発音。母音間のdの脱落。
文字sの発音 (5.1.)	内破の位置で気音化と消失。
母音の発音 (4.2.)	南北アメリカ・スペイン語の標準。
文字rの発音 (6.2.)	南北アメリカ・スペイン語の標準。
文字jの発音 (6.6.)	弱化の程度は低い。母音iの前で硬口蓋音化。
その他の発音	ブエノスアイレスの発音と酷似。

1）Y音化現象（6.1.）：この現象が一般的であるが、その単一発音は有声摩擦音（[ž]）になっており、首都においてはさらにその無声化が進んでいるものの、ブエノスアイレスほどではない。23.6.「教養口語の例」の末部を参考にしなさい。

2）内破音のsの発音（5.3.）：この発音の気音化と消失が進んでいるため、名詞や形容詞の複数性を表示するために母音発音の開口度に関して音韻的な変化（母音e, oの二重母音化）がうかがわれるという報告もあった（cf. 4.2.の2）。

3）有声閉鎖音音素の発音（6.5.）：/b/, /d/, /g/ に対応する発音は、スペインの標準語なら摩擦音になる音環境にあっても、この国では閉鎖音になる傾向がある。

4）母音間のdの発音（6.5.）：全国的に脱落する傾向が見られる。

5）無声軟口蓋摩擦音（[x]）の発音（6.6.）：チリのように母音e, iの前で硬口蓋音化する。

6）その他の発音の特徴：上述のように、首都のモンテビデオにはブエノスアイレスのスペイン語の影響が強く、アルゼンチンの首都の発音と区別がつかないほどである。

23.4. 文法面の特徴

ボス法（7.2.）	全国的に優勢。tú cantás のタイプが特徴。
その他の待遇表現（7.3. など）	二人称単数の相手には vos, tú, usted を使用。
人称代名詞の用法（8.）	南北アメリカ・スペイン語の標準。
名詞の用法（9.）	南北アメリカ・スペイン語の標準。
動詞の用法（10.）	直説法点過去の語尾は -ste と -stes が交替。
その他の用法	北部ではvosよりもtúを好む。

1）ボス法（7.2.）：この現象は全国的に優勢であるが、高原地帯には代名詞も動詞活用形もトゥ法しか使わない地点や、モンテビデオの影響で代名詞は二人称単数形だが動詞はボス法のもの（tú cantás, tú comés, tú vivís）を使う地点もある。モンテビデオで実際に大勢を占めているのはvos cantás, vos comés, vos vivísであるが、tú cantás, tú comés, tú vivísが中流階級の特徴になっている。そして後者がモンテビデオの規範になる傾向がうかがわれる。二人称単数の相手への肯定命令ではcantá, comé, vivíであるが、否定命令では (tú) no cantes, no comas, no vivasである。とはいえ、(vos) no cantés, no comás, no vivásの語形の使用が頻度を増してきている。なお、この国の北部ではもともとvosが使われていたが、首都のtú好みとブラジルのポルトガル語の影響であろう、vosよりもtúのほうが好まれている（ブラジルのポルトガル語では二人称代名詞の主格は一般にvocêであるが、南部では例外的にtuが使われており、隣接しているウルグァイの北部にもその影響があると考えられる）。

2）点過去の活用形：アルゼンチンと同じく、-steと-stesが全国的に交替している。

3）その他の特徴：上記以外の文法面では、ほぼブエノスアイレスのスペイン語と同じであり、それと比べて特に異なった特徴はない。

23.5. 語彙面の特徴

　アルゼンチンの、とくにブエノスアイレスのスペイン語とよく似た特徴がある。イタリア語系の単語が目立っている。しかしウルグァイで興味深いのは、北部の、とくにブラジルとの国境地帯で見られるポルトガル語とスペイン語の混用現象（一部では二言語併用現象）である。わかりやすい現象として語彙の例をあげておこう。南部では標準スペイン語のgajo「（果物の果肉を区分する）果房」、cerrar「閉める」、ventana「窓」が使われるが、北部ではそれぞれgomo、fechar、janelaとなるし、語義の影響としては、たとえば南部ではcaprichosoは標準スペイン語の意味（「気まぐれな（人）」）で使われるが、北部では「器用な（人）」になり、発音もポルトガル風になる（[kaprišóso, kaprišózo]）。

23.6. 教養口語の例（CD Track 11）

　ウルグァイの大学教員であるスペイン語学者に、この国のスペイン語について話してもらった。特徴的な語法を探してみよう（録音は2005年）。

1 — Desde hace dos años, de más, cuatro años, la Universidad nuestra firmó

2 un convenio con JICA, y... la, la JICA provee lo que llamamos nosotros 'un
3 lector de... de lengua', en este caso, de japonés. — Jujún. — Enseñamos dos
4 cursos de japonés, que llamamos 'Japonés 1' y 'Japonés 2'. Y luego, para
5 quienes lo que deseen, pueden seguir avanzando, pero ya fuera del
6 programa oficial. — Curso especial. — Sí... e... a... lo prepara el... el señor
7 Uno prepara para un examen internacional en japonés, que no sé bien cuál
8 es su nombre, pero, sí, hay algunos estudiantes nuestros que ya le han dado
9 a ese examen, y han aprobado el examen de... de japonés, como lengua
10 extranjera. Y aparte de todo eso... aparte de enseñar la lengua, se hacen
11 exposiciones... y... se... sobre arte japonés, tenemos... hemos pasado películas...
12 del cine japonés. Ahora cuando se cumplieron sesenta años de Hiroshima,
13 hicimos un ciclo especial sobre... bueno, la historia, etc. Pasamos la, una
14 película de Alain Resnais, un director francés, que se llama 'Hiroshima, mon
15 amour'... varias... muchas cosas. Tuvimos la visita, hace dos años, de la
16 princesa de Japón... ella se llama... me olvidé, me olvidé su nombre, nombre
17 de su alteza real ...— yo también [2003年に訪問された紀宮清子（ノリノミ
18 ヤサヤコ）内親王殿下のこと] —... una bajita, y visitó la facultad nuestra,
19 ella fue a visitar nuestra facultad, y visitó el curso de japonés, y los
20 estudiantes hablaron con ella en japonés, y muy bien... to... así que, que está
21 muy, muy avanzado... ah... tenemos muchos estudiantes, además, que
22 quieren aprender japonés por diferentes motivos... Así que estamos muy
23 contentos de la experiencia. Sí.
24 — Bueno, hablando de otra cosa, tú... voseas con tus amigos... o... — Sí,
25 claro... con mis amigos. — También empleas el 'tú' con otra gente. — uh...
26 más alejado. — más alejado —alejado... Para el amigo cercano, 'vos'. Para la
27 persona un poquito más alejada, no tan cercana, 'tú'. — Y ¿también,
28 también se usa 'usted'? — Y 'usted', para el más alejado de todo(s). — más
29 alejado... — Sí, sí. — Entonces, bueno, estás hablando siempre... eligiendo...
30 uno de los tres elementos. — Sí, claro. — pronombres — Sí. Bueno, también
31 el verbo — ah, verbo también — el verbo también... cambia según... el
32 pronombre, ¿no? (...). Claro. (...) Por ejemplo, 'tú tenés' o 'tú tienes', o 'vos
33 tenés' o 'vos tienes'... y 'usted tiene'. Así que hay muchas posibilidades (...).

34　Es como un lenguaje honorífico — (...) y hay gente que dice... 'tú tenés' — Sí.
35　— o 'vos tienes' — En Uruguay, de donde vengo, Montevideo, hay muchos
36　que dicen 'tú tenés'. Y en...otr... 'vos tienes' hay también, pero no en
37　Uruguay, en otra zona: en Argentina, en Chile, hay 'vos tienes'... — jaján...
38　— 'vos tienes'. Sí, hay todas las posibilidades. — Y... el yeísmo... — Sí. — es
39　muy, muy popular en Montevideo — sí... sí... — y ¿hasta... se alcanza... hasta
40　la etapa de šeísmo? — Sí, sí, claro, claro, y ensordecido, también, — jujún,
41　šeísmo　— šeísmo, š, š... [káše]...　— Eso se... se nota más entre la gente
42　joven... o...　— Sí, más... el e... el žeísmo ensordecido.　— Huun.　— o sea,
43　[káše]... [káše], más de los jóvenes. — Y... entre los hombres y las mujeres...
44　¿ha, ha, hay una diferencia... en el uso de voseo?　— Cada vez me... ¿de
45　voseo?, o...　— No, no, no, de yeísmo, ejeje...　— Ah..., de yeísmo...
46　normalmente... las mujeres... usan más el... ensordecido, — jaján　— [káše]. Y
47　el, los hombres... más el... sonoro, [káže], [káže]. Pero eso ya está cambiando
48　también, cada vez están nivelando más...

23.7. 問題

1) 発音
   a. 全体にＳ音法が聞かれる。典型的な例を３ヶ所あげて説明しなさい。
   b. Ｙ音化現象も起こっている。とくに２行目のllと５行目のyの発音をよく聞いて、単一発音の種類を指摘しなさい。
   c. 母音間のｄの発音にも注意しよう。３ヶ所の例をあげて説明しなさい。
   d. 内破音のｓの散発的な気音化と消失が聞かれる。38行目に注目して聞き分けてみよう。

2) 内容
   a. この大学にはJICA（ジャイカ、国際協力機構）Japan International Cooperation Agency（外務省所管の特殊法人）から日本語教員が派遣されている。どのような形の授業がなされているのか、説明しなさい。
   b. この先生が説明しているボス法の使い分けは上記の23.4.の解説と一致している。主格人称代名詞の使い分けはどのように説明されているか。
   c. Ｙ音化現象の単一発音の社会的使い分けについて説明しなさい。

24. アルゼンチン

正式な国名	República Argentina
人口	3990万人（日本 １億２千８百万人）
国土	278万平方キロ（日本 37万８千平方キロ）
首都	Buenos Aires
公用語	スペイン語
スペインの植民地時代	18世紀の後半から本格的な入植 1776年に Virreinato del Río de La Plata
スペインからの独立	1816年に独立宣言、San Martín

　アルゼンチンは南アメリカ大陸の南東部に位置する連邦制共和国である。首都はブエノスアイレス Buenos Aires。国土面積は日本の約7.3倍もあるが、人口は日本の３割に近い４千万弱である。国民は、ラテン・アメリカのなかでは例外的に白人の比率が高い。スペイン人の渡来前からこの地域には先住民が少なかったため、今日でも先住民系の人たちは数十万人にすぎない。18世紀後半には農民の大半を占めた黒人の人口は、さらに少なく、１万人以下と推定されている。インディオ文明はおもに西部の山間の高地に発展し、パンパのような低地は少数の遊牧採集狩猟民が散在するだけだった。19世紀後半以降に起こった急激なヨーロッパ移民の到来によって、今日見られるような白人中心の人種構成となった。

　この国のスペイン化は比較的遅く、その共通スペイン語が形成されるのは18世紀の末頃になる。南米大陸の南東部はスペインの植民地時代、アスンシオンが中心になり、内陸部の開発が進められた。平野部では良好な牧草に恵まれて牛馬が繁殖していったが、それらの世話は牧童のガウチョ gaucho（黒人を含む）にまかされた。18世紀の中ごろになるとブラジルの勢力が南下してきたため、スペインはその地方の防衛のため、1776年、リオデラプラタ副王領 Virreinato del Río de La Plata を設置した。それと同時にブエノスアイレスも正式に開港し、イギリスとの密貿易などで繁栄してゆく。ブエノスアイレスは1810年にスペインからの独立を宣言するが、以前の副王領をそのまま統治することはできなかった。独立の形についても様ざまな意見

— 165 —

が錯綜し、内紛状態が続く。1816年に再度の独立宣言を行う。将軍のサンマルティン José Francisco de San Martín（1778-1850）が主導権を握り、アンデスを越えて進軍し、チリやペルーを解放してゆく。しかしアルゼンチンは、1825年になると現在のウルグァイに当たる地域の領有権をめぐってブラジルと戦うことになり、結局、1828年にはその地の独立を認めることになった。アルゼンチンは独立後の数十年間、ヨーロッパの諸勢力の侵攻に悩まされるものの、同時に、スペイン化というよりもヨーロッパ化が進んだ。

24.1. アルゼンチンの人々

　16世紀の入植時代、現在のアルゼンチンに相当する地域には3方面から人が流れ込んだ。スペインから直接入り込んだ人々、ペルー副王領からの入植者、チリからの入植者である。しかし彼らが住み着いたのは内陸部である。その後、開発は進まず、18世紀中頃でも、現在のアルゼンチン・ウルグァイ・パラグァイに相当する土地に住んでいた人は百万を越えなかったようである。

　アルゼンチンは19世紀の中ごろ移民法を制定したが、その後、一般的に低社会層に属していて独自の文化を持たないイタリア人・スラブ人・アイルランド人・（日本人を含む）東洋人などが流れ込み、その数は数百万人に達した。この移住者は1870年から1894年までで125万人を越えたし、1895年から1913年までには200万人に達した。全国民が4百万足らずであった1889年の1年間だけで、26万人を超えている。イタリアからは1857年から1925年までに260万人以上の人が入ってきたが、現在では国民の2割がイタリア人かその子孫であるという計算になる。

24.2. アルゼンチンのスペイン語

　独立後の19世紀中頃、アルゼンチンはスペインから文化的にも独立しようと模索していた。その中心的な人物がサルミエント Domingo Faustino Sarmiento（1811-1888）である（cf. 2.3. の2）。彼の思想は国家主義（民族主義）・反スペイン主義・反古典主義であり、スペインの規範とは異なる書記体系（たとえばS音法をしているのだから、zapato「靴」もsapatoと、cierto「確かな」もsiertoと書くこと）を提案した。それは20世紀に入ってもしばらくは使われたものの、現在ではスペイン語圏共通の正書法に従って

いる。

　対外的にはブエノスアイレスのスペイン語（el porteño）がアルゼンチンのスペイン語であるというように受け取られている。19世紀の後半には農牧業の本格的な開拓が始まり、中央部のパンパなどへブエノスアイレスから、黒人（ガウチョにもなった）を含む大量の人たちが移住したから、彼らとともにporteñoが全国に広がった。しかし現在ではいくつかの方言様態が観察されている。ブエノスアイレスからの移住民が多い東部の沿岸地方、地理的にも歴史的にもチリの影響を受け、マプチェ族をはじめとする先住民が多かった最西部、植民地時代に教会当局がケチュア語を布教用に採用したので、この先住民語はその使用領域を16世紀初頭よりも広めたが、その拡大ケチュア語圏に属する北西部、パラグァイと接していてグァラニー語圏に属する北東部、そしてそれらの方言的諸地域に囲まれた中央部、などである。また、Y音化現象（音韻論）・Y音化現象の単一音の [ž] 音化（音声）・rrの摩擦音化（音声）・ボス法（文法）の4種類の分布に基づくと、アルゼンチンのスペイン語は9種類の方言区分ができるという。ちなみに、ブエノスアイレス市の属する方言圏は「Y音化現象あり、[ž] 音化現象あり、rrの擦音化あり、ボス法は典型的な第1型」（24.4. の1を参照のこと）である。

24.3. 音声面の特徴

S音法 (5.)	起こっている。
Y音化現象 (6.1.)	国の大半で起こっている。単一発音は [ž] から [š] へ。
文字b, d, gの発音 (6.5.)	母音間のdもよく発音されている。
文字sの発音 (5.1.)	内破の位置で気音化したり消失したりする。
母音の発音 (4.2.)	非強勢母音の発音が不安定。
文字rの発音 (6.2.)	北半分では多震音が歯擦音化。
文字jの発音 (6.6.)	弱化。
その他の発音	独特のイントネーション。

1）母音の発音（4.2.）：強勢母音の発音はスペインの標準語と同じである

が、非強勢母音の場合には音色が閉じたり開いたりする（[komisería] comisaría「警察署」、[meníhtro] ministro「大臣」、[sepoltúra] sepultura「埋葬」など）。

2）S音法（5.1.）：古くから国全体の特徴になっている。音素 /s/ に対応するこの歯擦音は、前部舌背と上歯の裏とか歯茎で調音される凸面舌背の無声摩擦音 [s] である。

3）内破音のsの発音（5.3.）：この発音は社会的要因や文体の種類などによって変化するが、その気音化と消失の現象は国全体の特徴となっている（例外的に北部の中央では標準的な発音が維持されている）。

4）Y音化現象（6.1.）：文字yと文字llに対応する発音は、例外的に北東部やアンデス地方北部の数地域で区別されているが、国の大半でY音化現象が見られ、両者の発音は同一になっている。その単一発音は摩擦を伴う有声の [ž] である場合とそうでない場合とが区別される。前者はブエノスアイレスなどの都会部から起こり、そこから全国に伝播したと考えられているが、この発音はさらに無声（[š]）になる傾向を強めている。その傾向は、社会的には上層の人たちの特徴となっていて、高齢者よりも若年層に顕著であり、男性よりも女性の発音に多く見られる。

5）イントネーション：アルゼンチンに独特の曲折イントネーションがある。24.6.の「教養口語の例」を参照のこと。

24.4. 文法面の特徴

ボス法（7.2.）	典型的なボス法の国。
その他の待遇表現（7.3. など）	二人称単数の相手には vos, tú, usted を使用。
人称代名詞の用法（8.）	一部でレ代用法。一部でloの与格用法。
名詞の用法（9.）	南北アメリカ・スペイン語の標準。
動詞の用法（10.）	北部では命令表現でのnosの先行。点過去の語尾は -ste と -stes が交替。
その他の用法	接続法現在の、接続法過去としての使用。

1）ボス法：アルゼンチンのスペイン語の文法面の代表的な特徴はボス法で

ある（7.2.）。代名詞vosの使用は全国的であり、全社会層的である。代名詞túの使用は伝統的な家族に属する高齢者に限られている。動詞の活用形は多岐にわたっていて、さまざまな組み合わせがある。直説法現在ではcantás, comés, vivísの地方、cantás, comís, vivísの地方、cantáis, comís, vivísの地方、cantáis, coméis, vivísの地方などがあるし、完了過去（点過去）では活用語尾の -steと -stesが全国的に交替している。肯定命令はcantá, comé, vivíである。接続法現在でも交替現象があり、首都の教養階級は二人称単数形のvos cantes, comas, vivasを好むが、若年層は二人称複数形に属するvos cantés, comás, vivásを好んでいる。そのボス法の動詞活用形は、基本的に以下の5種類のタイプが区別できる。

   1型：-ás, -és, -ís ……vos cantás, comés, salís（典型的なボス法）
   2型：-ás, ís, -ís ……..vos cantás, comís, salís
   3型：-áis, -ís, -ís ……vos cantáis, comís, salís
   4型：-as, -es, -es ……vos cantas, comes, sales（動詞は二人称単数）
   5型：-áis, éis, -ís ……vos cantáis, coméis, salís（動詞は二人称複数）

2）人称代名詞：北東部ではレ代用法が起こっている。パラグァイの影響であろう。また、北部ではloが与格（間接補語）として使われるところもある。

3）命令表現：北部では命令表現の sentémonosでnosが動詞に先行し、nos sentemosになることがある。

4）接続法：接続法現在の、接続法過去としての使用がある。たとえば、Pedro me dijo que lo haga en seguida.「ペドロはそれをすぐにしろと私に言った」など（スペインの標準語ならhagaではなくてhicieraとなる）。

5）直説法完了過去（点過去）の活用：その親しい話し相手の語尾は -steと -stesが交替している（cantaste = tú, cantastes = vos）。

24.5. 語彙面の特徴

 語彙の面ではイタリア語の影響が強い。イタリア移民のスペイン語は一種の混成語の様相を呈しており、19世紀末から20世紀の初頭にかけてはココリチェel cocolicheと呼ばれたし、同時期に発達した犯罪者の隠語はルンファルドel lunfardoと呼ばれている。後者は国民的歌謡のタンゴtangoにも多くの語彙を提供し、そこを経由して一般語にまで入ってきている。

さらに、スペインでは古語とされるもの（barranca「峡谷」、lindo「きれいな」など）、水夫用語の系統のもの（flete「運賃」←「船賃」、playa (de estacionamiento)「広場」←「海岸」、virar「回転する」←「（船が）方向を変える」）、アンダルシア語系のもの（limosnero「物乞い」）、カナリア語系のもの（botarate「浪費家」）、西部語系のもの（carozo, za「金髪の」）などがある。アメリカ先住民語系（ケチュア語、グァラニー語など）・アフリカ語系・フランス語系・英語系の語彙はその他のスペイン系アメリカと共通のものが大半であるが、イタリア語系のものにはラプラタ地方に独特のものがある（たとえばイタリア語creparcの俗語的な意味「死ぬ」がルンファルドに入り、そこから一般語にcrepar「（人が）死ぬ」として入っている）。milonga「（音楽）ミロンガ」はアフリカ語系である。

24.6. 教養口語の例（CD Track 12）

　メキシコのMonterreyで開かれた国際会議で、参加している女性の話を聞いてみた。モンテレイは子山羊（cabrito）の料理が有名。特徴的な語法を探してみよう。

1 — Sobre la comida de, de, de Monterrey, ¿qué, qué, qué impresión tiene? —
2 Ehh..., bueno, tal vez... no la conozca tanto... ehh... ya probé al chivito,... —
3 ¿Chivito? [モンテレイでは 'cabrito' と呼ばれている] —... que es muy rico,
4 (...) que es el plato típico de aquí... — ¿de cabra? o... — Sí, claro, el hijito de
5 la cabra sería, ha, ha, ha..., que parece que es especialis... especialidad de
6 este lugar... y... — ¿No era dura la carne? — No, no, no, no... Hay un, hay
7 dos lugares muy buenos para comer chivito. Uno es el Rey de Chivito(s), y
8 parece que hay otro, mejor todavía, que queda muy cerca de la región
9 hotelera. Y me parece, claro, me parece que son muy agradables los
10 mexicanos. No sé qué sensación tiene usted, pero...　— Tiene otro, otro
11 encanto, ¿verdad? — Sí..., sí... — otro encanto humano. — Son muy abiertos,
12 y muy agradables, ¿no?　— Es igual, bueno, (...) ellos también son muy
13 alegres, y... — sí..., sí... Somos un poquito más distantes y formales. Es que
14 yo vivo hace dieciocho años en Brasil. (...) Vivo en San Pablo, y el brasileño
15 es mucho más agradable que el porteño, menos distante, y el mexicano me

16 parece que se parece mucho al brasileño en ese sentido. — Entonces,
17 ¿trabaja usted en Brasil como profesora de, de español? — Sí. Formamos
18 profesores de español en la Universidad de San Paulo. Sí... — ¿Trabajan
19 muchos argentinos allí en...? — Somos muchos argentinos de casualidad.
20 Bueno, en realidad hay una uruguaya, hay, esto, una chilena, una española,
21 pero somo mayoría argentinos, y poquísimos brasileños. Ja, ja, ja, ja...
22 Estamos invadiéndolos poco a poco. — Sí, dicen que actualmente en Brasil
23 hay un auge de... — del español — del español, ¿verdad? — Sí, sí, sí, sí...
24 Bueno, e... en realidad, ha pas... es decir, hace diez años que la situación con
25 el español viene cambiando, (...) porque el español era en Brasil una lengua
26 que no merecía la pena estudiarla. Era tan fácil. (...) Y en estos últimos
27 quince años esa relación cambió de manera muy, muy fuerte, y el brasileño
28 empezó a estudiar español, y se transformó en una lengua difícil, por que
29 es muy cercana... al portugués, pero le suena como culta, (...) le suena como...
30 formal, como culta, como una lengua de la (...) escritura, y eso les trae... un
31 montón de inconvenientes... — Se puede distinguir las cosas diferentes, ... —
32 exacto... — cuesta trabajo, ¿verdad? — cuesta trabajo... — [distinguir las]
33 cosas semejantes... — esa... cuesta trabajo distinguir los semejantes. ¿Usted
34 también forman profesores? — Sí, sí... Allí en Japón trabajo como profesor
35 de español. — ¿Cómo es su nombre? — Mi nombre es Miyoshi... [と聞きな
36 がら、筆者の首にかけた名札を読む] — Jun... nosuke... ¡Qué bonito español
37 que (...) tiene! ... — ajajaja... — precioso... ¿Dónde lo aprendió? — Bueno,
38 primero en Madrid, — ajjá... — luego en Bogotá — ajjá... — Pasé una
39 semana, más o menos una semana, en Buenos Aires cuando era joven —
40 aaajááá... — hace treinta años. — Ajajajaja... Ooy, tiene que volver, es tan
41 linda Buenos Aires, ¿no? (...) ¿Le gustó? — Sí, sí. Me gustó mucho. — Es
42 muy linda, muy cariñosa como ciudad. — ¿Sí? — Sí. San Pablo ya nos es
43 una ciudad dura y difícil, pero Buenos Aires muy acogedora, ¿no? (...).
44 Bueno, muchas gracias. — Bueno, le agradezco muchísimo. Fue placer. —
45 Que esté muy bien. — Un momento muy agradable. — Gracias. — Nos
46 vemos, entonces.

24.7. 問題

1）発音
　a. Ｙ音化現象のｙの発音が聞かれるが、その単語を２ヶ所あげて、発音の様子を説明しなさい。
　b. 内破音のｓの気音化について、具体的な例を３ヶ所あげなさい。

2）文法
　a. ２行目と44行目に単純時制好みの現象が聞かれる。どの動詞のことか。
　b. 12行目にhaceの特徴的な前置詞的用法がある。スペインならどう言われるだろうか。
　c. 27行目の時制の使い方の特徴を説明しなさい。
　d. 45・46行目の時制の使い方の特徴を説明しなさい。

3）語彙
　41、42行目にはアルゼンチンに独特の形容詞（スペインでは古語）がある。どれか。

アルゼンチンのアフリカ語系語

　アルゼンチンはスペイン系アメリカでは珍しい白人国家であるという印象が強い。しかし、しばらく前までアフリカ系の黒人が少なくなかった。アルゼンチンのスペイン語にはアフリカ語系のことばも少なくない。バナナのような一般語とは別に、cachimbo「(タバコの) パイプ」、candombe「(黒人のリズムの激しい音楽と踊りの) カンドンベ」、mandinga「悪魔」、milonga 女「(アルゼンチンの伝統的な歌と踊りの) ミロンガ」などが使われています。

　しかしアルゼンチンの象徴的なことばであるtango「(音楽・舞踊) タンゴ」もアフリカ語系語である可能性があるのです。一般的に太鼓の音を真似た擬音語であるとされますが、スペインのフラメンコにも古い曲の名前として使われています。「黒人たちの踊りの集まり」の意味でカナリア諸島に古い記録があるから、そこからアルゼンチンやアンダルシアに伝播したのでしょうか。

付録　発音関連の資料

内容　1．音声と音素
　　　2．スペインの教養口語の例
　　　3．南北アメリカのスペイン語の一般的な発音
　　　4．CD-Romについて
　　　5．本書が採用している発音記号

　ひとつの言語（標準語）があり、その言語から変化・発展していくつかの言語上の相違点を帯びている言語様態が存在すれば、それが方言と呼ばれる。この相違点を理解するためには、言語の音声・文法・語彙という基本的な分野において様ざまな要素の違いが検討される。そして方言の研究で一番関心を呼ぶのは、すなわち違いが一番よく気づかれるのは音声の分野においてである。本書では4課から6課までが発音に関する解説に当てられているが、第2部の地域別編では実際に話されたスペイン語の音声資料が提供され、各国のスペイン語の音声的特徴の理解が求められている。
　他方、日本でスペイン語が教えられるとき、最初はまず、スペインの標準語が対象となる。たいていの場合、最初にアルファベット（字母表）が示され、発音の解説がある。そして文法の解説に進むのであるが、スペイン語が発音の点で日本語と大きくは異なっていないこともあり、発音に関する説明内容は、最初に一通りの基本事項のみが扱われ、その後の授業ではほとんど触れられない（視聴覚教室での授業があれば、そこで扱われることはある）。
　スペインの標準語と様ざまな違いを見せている南北アメリカのスペイン語を学習しようとする人には、まず発音の違いの把握が求められる。しかし彼らのほとんどには音声学や音韻論に関する基本的な知識が備わっていないようである。このような、南北アメリカ・スペイン語を理解するための知識の欠落を補うため、この付録を加えることにした。

1．音声と音素

「音声と音素」については本書の4.1.で簡単に説明したが、ここでは基本的な術語について説明する。音素という術語の意味は別のヒントを使って説明してみよう。

1.1. 音声

　音声そのものを理解することには問題がない。しかし音声の区別については、いくつかの専門用語を理解しなければならない。言語音には母音と子音が区別されるが、その違いは基本的に、喉の奥から出てくる空気（呼気）が何らかの抵抗を受けるときに子音になり、抵抗がないときに母音となる。この点を確認して、以下に専門用語を説明してみよう。

　　　まず声帯の振動の有無である。

　　　　　有声音と無声音：この違いは明白である。声帯の振動が加われば有声になる。母音 [a, e, i, o, u] は有声であるが、子音には有声と無声の発音がある。

　　　つぎは調音の方法（音の出し方）である。

　　　　　閉鎖音：声帯から呼気の出口（口や鼻）までの間のどこかで空気の通り道がふさがれ、その奥に溜まった空気が閉鎖の直後に破裂するときに出る音である。だから破裂音と呼ばれることもある。無声音なら [p, t, k]（対応する文字はpocoのp、todoのt、casaのc）、有声音なら [b, d, g]（bacaのb、decirのd、gatoのg）が代表的な閉鎖音である。

　　　　　摩擦音：声帯から呼気の出口までの間のどこかで空気の通り道が狭くなり、狭まったあたりで呼気が摩擦するときに出る音である。スペインの標準語なら [f, θ, ṡ, x]（それぞれfamiliaのf、zapatoのz、seisのs、jotaのj）など。[φ]もある。

　　　　　破擦音：呼気の通り道が閉鎖されて直後に破裂するとき、破裂だけではなくてかすかな摩擦を伴うときの音である。日本語のチの子音、スペインの標準語なら[ĉ]（chicoのch）。

　　　　　鼻音：呼気が鼻から出るときの音である。子音の場合、口からの空

気の出口はふさがれているのだが、そのふさぐ場所にはいくつかある（鼻母音の場合はふさがれていない）。一般的には4か所「両唇、歯か歯茎、硬口蓋、軟口蓋」である。それぞれの場所でふさがれると [m, n, ɲ, ŋ] となる（スペインの標準語ならmesaのm、nadaのn、niñoのñしか意識されない。[ŋ] は日本語の[kiŋŋjo]「金魚」など）。

流音：流音という呼び名は古くから使われており、母音と同じように呼気が声を伴って流れ出るときの音を指している。流音には側音とはじき音が区別される。

側音：舌先を歯茎につけたり前部舌背部分を硬口蓋につけたりして、呼気をその両側面から流れ出るようにするときに出る音である。スペインの標準語では舌先の場合に [l] （ladoのl）の音になり、前部舌背の場合には [ʎ]（llamarのll）になる。

はじき音：舌先を口蓋にはじきかけるようにして出す音である。1度のはじきの場合には [r]（別名、単震音、caroのr）、数度のはじきの場合には [r̄]（別名、多震音・ふるえ音、ricoのr）になる。

そして最後は調音の場所である。

両唇音：上下の唇を使って出す音である。[p, b, m, φ] など。

唇歯音：下の唇を歯で軽くかみながら出す音である。スペインの標準語なら [f] である。この音は無声である。有声の唇歯音は [v] で示されるが、一般的にスペイン語では音素になっていない（チリなどのスペイン語の発音では音素 /b/ の異音として使われることがある）（音素については次の1.2.を参照のこと）。

歯音：上の歯の裏に舌の先や先端部を近づけたり接触させたりして出す音である。スペインの標準語なら [t, d]。日本語のタやダの子音は次の歯茎音であるから、スペイン語を学習する日本人はこの点に注意して発音を学習する必要がある。

歯茎音：上の歯のすぐ上部の歯茎で出す音である。スペインの標準語なら [ṡ, n, l, r, r̄]。

歯間音：上下の歯の間に舌先を接近させて出す音である。スペイン

の標準語なら [θ]。
硬口蓋音：歯茎の後ろから始まる口蓋の前半分で出す音である。スペインの標準語や日本語なら [ĉ, ɲ] など。
軟口蓋音：口蓋の一番奥の部分で出す音である。スペインの標準語には [k, g, x] がある。
気音（声門音）：声門やその上部の咽頭で出す、軽い摩擦音である。日本語のhana「花」のh（[h]）である。この発音は一般的に「気音」と呼ばれる。

1.2. 音素

「音素」は、「ある言語で、語と語の意味を区別する機能を持つ音声の最小単位であり、たとえば『かき（柿）』と『さき（先）』の語頭子音の /k/ と /s/ などである」、というように説明されることがある。しかしこれだけではなかなか理解できない。

まず心得るべきは、この「音声の最小単位」とは、実際の音声ではなく、人間が頭のなかで認知している抽象概念なのだ、ということである。抽象概念とは、たとえば、私たちの頭のなかには [inu]（犬）という音形があって、それは「食肉目イヌ科の哺乳類」というような概念に結びつけられているが、この音形は具体的な個別のどんな犬にも対応するので、「隣で飼っている柴犬のポチ」でもあるし「自宅のトイプードルのキャリー」でもある。しかし「犬」ということばは、具体的な犬をすべてひっくるめて、「猫」でもなく「狸」でもなく、それらと区別するための、ひとつの種類としての犬を指しており、個別に存在している犬の一匹だけを指す概念ではない。「犬」ということばは抽象的であり、頭の中にだけ存在する。言語音にもこれに似た仕組みで理解する方法がある。それが具体的な存在の「音声」と抽象的な存在の「音素」である。ことばの意味を区別するための、発音上の抽象概念として頭の中で認知されている最小単位（音素）があり、それが実際の具体的で個別の音声に対応している（具体的な音声は、それぞれの音素の「異音」と呼ばれる）。

つぎに、それぞれの言語がどのような種類の音素を利用するかは、言語のそれぞれが独自に決めている、ということを理解しなくてはならない。だから原則的には、音素の種類と数は言語ごとに異なっている。外国語として学

習する言語が学習者の言語（母語）よりも多くの音素を使っている場合には、学習者には発音習得に苦労することになる。たとえば、英語ではよく知られているように、異なった意味を表現するための音素として /l/ と /r/ を活用しているが（lock /lɔk/ は「錠」という意味であり、その語頭の発音が違って /rɔk/ となると「岩」という意味になる）、日本語はこの2種類の発音を、意味の違いを示すためには活用していない。どちらの発音をしても意味は異ならない（[roku] と言っても [loku] と言っても「六」という意味を表現することができる）。共通日本語ではこのあたりの発音に対応する音素として /r/（対応する異音、すなわち実際の発音は様ざま）しか使われていないからである。そこで日本人は英語のこれらの発音を習得するために苦労することになる。

1.3. 日本語の音素

さらに問題となるのは、言語によっては音素の認定に関して意見が分かれることがある、ということである。たとえば共通日本語である。母音の音素が5種類という点では異論がなさそうであるが、子音音素は16種類（閉鎖音音素6 /p, t, k, b, d, g/、摩擦音音素3 /s, h, z/、破擦音音素1 /ĉ/、流音音素1 /r/、鼻音音素3 /m, n, ŋ/、半母音音素2 /y, w/）、特殊音音素（モーラ音素）として撥音・促音・長音の3種類 /N, T, R/ の合計19種類とするか、鼻音音素の / ŋ/ を認めずに18種類とするか、などの違いがある。

1.4. スペインの標準語の音素

スペインの標準語の音素は、母音が5種類（/a, e, i, o, u/）、子音が閉鎖音音素6（無声3 /p, t, k/ +有声3 /b, d, g/）；摩擦音音素4 /f, θ, s, x/；鼻音音素3 /m, n, ɲ/；流音音素4（側音2 /l, ʎ/ +はじき音2 /r, r̄/）；破擦音音素1 /ĉ/；半母音音素2 /y, w/ の20種類である。

半母音とは、母音的ではあるが母音の性格の一部を欠いている発音であり、二重母音（a, e, o の前後に i か u がつながっているもの、あるいは iu, ui）の i か u を指す用語である。半母音を音素とするかどうかは研究者の解釈によって異なる。

本書では、前部系列（i）系の /y/ を認める。その代表的な異音（具体的な音声）は平らにした唇とともに硬口蓋で軽く摩擦する [j]（概略では bien

のi）と [j̑]（seisのi）である。後部系列（u）系の /w/ も認めるが、その代表的な異音は丸くすぼめた唇とともに舌背を後方に移動させて軽く摩擦する [w]（buenoのu）と [u̯]（causaのu）である。スペイン語の伝統的な音声学では、それぞれのペアの前者（[j] と [w]）が半子音、後者（[j̑] と [u̯]）が半母音と呼ばれてきた。この2種類の音素のうち、前部系列の /y/ は有声の摩擦音音素として認められるが、後部系列の /w/ は音素として認められないことが多い。そうすると子音音素の数は19となる（さらに、半母音音素を認めないという考え方なら、子音音素の数は18となる）。

1.5. 標準的な南北アメリカ・スペイン語の音素

　標準的な南北アメリカ・スペイン語の音素の数は、スペインの標準語と比べてひとつ少ない。無声歯間摩擦音音素の /θ/ が欠けているからである。そこで、半母音音素がひとつ（/y/）しか認められなければ子音音素が18種類になるから、5種類の母音音素を加えて合計23となる。しかし南北アメリカでは広い地域でY音化現象（cf. 6.）が起こっているから、この現象が徹底している地域なら側音音素の /ʎ/ が認められないので、音素の合計は22となるだろう（本書のチリの23.6.「教養口語の例」の内容を参照のこと）。

2. スペインの教養口語の例（CD Track 13）

　スペインの標準語の音声資料である。内容は南北アメリカ・スペイン語の語彙のバリエーションについて述べてあり、しかも親しみやすい「乗合バス」の言い方についてである。

1　　Voy a comentarte... lo que ocurrió en el año 1987 cuando llegué a Osaka-
2　Gaidai, como estudiante de 'ryugakusei'... Llegué con unos quince
3　estudiantes de distintos países de Latinoamérica, como Venezuela,
4　Colombia, Bolivia, Ecuador... Méjico... Chile, y Argentina, y Cuba, también.
5　Estos compañeros eran lo más de simpáticos... y la verdad es que nos lo
6　pasamos seis meses muy bien estudiando sobre todo con Okura-sensei que
7　era la jefa del departamento. Y un día esta profesora, para relajar un
8　poquito la clase, dijo: —Bueno, vamos a ver... cómo en vuestros países se
9　usan... las palabras con distinto significado —, y nos preguntó así al azar,
10　por ejemplo, el... la palabra 'autobús', que en el español de España se usa...
11　autobús... y microbús, medio de transporte, y las carcajadas fueron
12　enormes, porque cada vez que uno decía cómo... cómo... se usaba esa
13　palabra en su país,... toda la clase se reía, ¿no? Para... para recordarte un
14　poquito... tú lo sabes porque has estudiado cosas de Latinoamérica, ...
15　vocabulario español de Latinoamérica, y has vivido allí... pero algunas, para
16　nosotros, como españoles, son graciosísimas, por ejemplo, la que más gracia
17　nos hizo fue la de 'guagua', de Cuba, el autobús... el autobús en Cuba lo
18　llaman 'guagua'. ... Eee... Otra... otra acepción que nos, nos causó mucha
19　gracia fue 'góndola', que es como lo dicen por lo visto en Perú. Para
20　nosotros una góndola, para los españoles de España, es como una cosa
21　colgando, ¿eh?, pero nunca nos imaginamos un autobús, ¿no?... En... en
22　Méjico, bueno, ya es bastante conocido 'camión'...'camión'... llamar a un
23　autobús 'camión': — ¡Venga, vamos a subirnos al camión! —... a los
24　españoles de España nos parece un poco... bruto subirnos a un camión para
25　ir a un sitio, ¿no?... pero todos nos reíamos incluyendo a los propios

26 mejicanos, ¿no? En Colombia lo llaman por lo visto 'autobús', y... si es
27 microbús, el autobús pequeño, dicen 'buseta', como me has comentado tú
28 antes. Otra... otra forma bastante... bastante graciosa para... que nos suena
29 muy... muy bien es la... la de Uruguay. Es 'ómnibus'. 'Ómnibus', para
30 nosotros, era el último tren correo, normalmente también se llamaba
31 'correo', que sale de las estaciones centrales de Madrid, o... de Atocha... o
32 Chamartín, la nueva. Sale el último tren, que va parando en todas las
33 estaciones desde Madrid, por ejemplo hasta Cádiz, y... es interminable
34 subirse en ese tren, pero... cuando uno dice: — Voy a coger el ómnibus —...
35 ya quiere decir que no tiene mucho dinero para coger un talgo... o un tren
36 un poquito más caro, y tiene que viajar en el último...

聞き取りのポイント

この音声資料を何度か聞いて、以下の点を再確認しよう。

1）文字sの発音：文字sは、南北アメリカの広い地域では前部舌背凸面の歯音 [s] に対応するが、この資料のようなカスティリア（スペイン北部・中部）語では舌背凹面の舌尖歯茎音 [ṡ] の発音に対応する。舌の背中をへこませて舌尖を上の前歯の裏に近づける。

2）文字llの発音：カスティリア語におけるこの文字の発音は有声硬口蓋の流音（側面接近音）である（[ʎ]）。舌の背中を口蓋に密着させ、その両側から呼気を吐き出しながら声帯を震わせる（有声音）。1・2行目のlleguéなどはわかりやすい。

3）文字zやce, ciのcの発音：カスティリア語の代表的な発音で、無声の歯間摩擦音である（[θ]）。南北アメリカではS音法のため、一般的にこの発音が聞かれない。2行目のquinceや3行目のVenezuelaなどが良い例である。

4）無声軟口蓋の摩擦音（[x]）：文字ge, giのgやjに対応する発音であるが、カスティリア語ではかなりはっきりした摩擦音が聞かれる。スペイン系アメリカではやわらかく発音され、気音（[h]）にもなっている。4行目のMéjicoやArgentinaがわかりやすい。

3. 南北アメリカのスペイン語の一般的な発音 (CD Track 14)

　南北アメリカのスペイン語でよく聞かれる発音を紹介する。自分でも発音してみて、その方法を理解しよう。

1. Yeísmo: Y音化現象（その単一発音の種類）　　例 calle, llamar
   a. relajado　弛緩音
   b. fricativo [j]　摩擦音
   c. rehilado sonoro [ž]　有声うなり音（有声硬口蓋摩擦音）
   d. rehilado sordo [š]　無声うなり音（無声硬口蓋摩擦音）

2. Vibrante /r/: 単震音（歯茎はじき音）　　例 carne, caro
   a. vibrante normal [r]　正常な単震音
   b. fricativa sonora [ř]　有声摩擦音
   c. velar [ʀ]　軟口蓋音

3. Vibrante múltiple /r̄/: 多震音（歯茎ふるえ音）　　例 radio, carro
   a. vibrante múltiple normal [r̄]　正常な多震音
   b. múltiple fricativa sonora [ř̄]　有声摩擦多震音
   c. múltiple velar sonora [ʀ]　有声軟口蓋多震音

4. Pronunciación de 'tr': 子音群 tr の発音　　例 tres, cuatro
   a. normal　/t + r/ の正常発音
   b. con 'r' fricativa　r の摩擦音化

5. Ese /s/: 文字 s の発音　　例 casa, sueño

5.1. Carácter de la articulación sibilante: 歯擦音調音の性質
   a. predorsoalveolar [s]　前部舌背歯茎音（南北アメリカ的）
   b. apicoalveolar cóncava [ṡ]　凹面舌尖歯茎音（スペイン北中部的）

5.2. La 's' implosiva: 内破音の -s　　例 disco, un mes
　　　　a. aspiración faríngea [h]　（声門）咽頭気音
　　　　b. aspiración velar [x]　軟口蓋気音

6. Che /ĉ/:　文字 ch の発音　　例 muchacho
　　　a. carácter equilibrado [ĉ]　正常な均等調音
　　　b. paso a la fricativa pura [š]　純粋摩擦音への移行

7. Efe /f/:　文字 f の発音　　例 café, firme
　　　a. variante bilabial [φ]　両唇音異音（日本語フの子音）
　　　b. variante labiodental [f]　唇歯音異音（スペインの標準語）
　　　c. aspirada posteriorizada [h]　後退化気音（日本語ハ・ホの子音）
　　　d. aspirada velarizada [x]　軟口蓋気音（日本語への子音）

8. Be, de, ge /b/, /d/, /g/:　文字 b, d, g の発音
　　　a. con alófono fricativo 摩擦音の異音で（[β], [ð], [γ]）
　　　　　　例 abogado, caballo, bodega; pueblo, pobre, observar, submarino, club; abdomen; desde, siglo, alguno, musgo
　　　b. con alófono oclusivo 閉鎖音の異音で（[b], [d], [g]）
　　　　　　例 lumbre, en blanco, caldera, andén, tango

9. Velar fricativa /x/:（無声）軟口蓋摩擦音　　例 bajo, jefe, ají
　　　a. velar suave [x]　軽い軟口蓋音（スペインの標準語なら強い摩擦がある）
　　　b. faríngea [h]　（声門）咽頭音（南北アメリカで優勢）
　　　c. fricativa palatal [ç]　中部硬口蓋摩擦音（チリなど、日本語のヒの子音）

　スペインの標準語の発音については、以下の点を考慮しよう。
（1）無声歯間摩擦音 [θ] は標準英語の文字 th に対応する無声の発音。
（2）文字 ge, gi や子音 j に対応する軟口蓋摩擦音は上記の 9.a. よりも強い。

4．CD-Romについて

　本書の第2部である「地域別編」には実際に話された教養口語の音声とその記述の例を加えた。内容は筆者が行なったインタビューの一部である。そしてそれをCD-Romにして付録とした。

　インタビューの技術もなく、またコンピュータによる音声処理の知識もないのに、あえてこの付録を作成したのは、学習者に、各国に特徴的な発話の具体的な音声を聞いてもらいたかったからである。筆者はスペイン語研究のためにスペイン系アメリカで開催された国際会議に参加する機会を利用して、録音したい国の人を見つけ、教材に使用することの許可を受けて録音を行った。また、それでも録音を希望する国の人に出会えない時には、東京や国際会議の開催地にある当該国の大使館を訪ねてインタビューを行った。

　国によっては複数の録音がとれたところもあるが、検討の結果、本文にあるものを採用した。Trackの1（メキシコ）、5（ベネズエラ）、7（ペルー）、8（ボリビア）、11（ウルグァイ）、12（アルゼンチン）は2005年にメキシコのモンテレイMonterreyで開催された学会の折に録音した。2（コスタリカ）、3（キューバ）、6（エクアドル）は2006年に東京のそれぞれの大使館に依頼して、文化担当官に応対してもらった。4（コロンビア）は2008年に日本を訪れた古い友人にたのんで録音させてもらった。チリの分は2009年にウルグァイのモンテビデオで開催された学会を利用して録音させてもらった（Track 10）。その学会で、近くの国であるパラグァイからの参加者に頼んで録音させてもらおうとしたが、この国からはひとりも参加していなかった。そこでモンテビデオにあるパラグァイの大使館に連絡し、録音することができた（Track 9）。

　普通の室内外で行った録音であるから、思わぬ騒音も入っている。筆者の技術ではその雑音を除去することはできなかったが、他方では録音の自然さが伝わるという好都合な解釈も可能であると思う。南北アメリカ・スペイン語の学習の教材のひとつになれば幸いである。

5．本書が採用している発音記号

母音
/a/, /e/, /i/, /o/, /u/　スペイン語の5種類の音素。
[a], [e], [i], [o], [u]　5種類の音素の代表的な異音。
[ɛ]　/e/ の開母音の異音。
[ɔ]　/o/ の開母音の異音。
/y/　前部（前舌）母音系列の半母音音素（摩擦音音素）。
[j]　上記音素の半子音の異音。
[i̯]　上記音素の半母音の異音。
/w/　後部（後舌）母音系列の半母音音素。
[w]　上記音素の半子音の異音。
[u̯]　上記音素の半母音の異音。

子音
/b/　有声両唇音の閉鎖音音素。
[b]　上記音素の閉鎖音の異音。
[β]　上記音素の摩擦音の異音。
/ĉ/, [ĉ]　前部硬口蓋の無声破擦音音素とその異音。
[ç]　中部硬口蓋の無声摩擦音。
/d/　有声歯音の閉鎖音音素。
[d]　上記音素の閉鎖音の異音。
[ð]　上記音素の摩擦音の異音。
[dž]　有声歯茎前部硬口蓋の破擦音。
/f/, [f]　無声唇歯音の摩擦音音素とその異音。
/g/　有声軟口蓋音の閉鎖音音素。
[g]　上記音素の閉鎖音の異音。
[γ]　上記音素の摩擦音の異音。
[h]　無声の声門（咽頭・喉頭）摩擦音の気音。
/k/, [k]　無声軟口蓋音の閉鎖音音素とその異音。
/l/, [l]　有声歯茎音の流音（側面接近音）音素とその異音。

— 184 —

/ʎ/, [ʎ]　有声硬口蓋音の流音（側面接近音）音素とその異音。
/m/, [m]　両唇音の鼻音音素とその異音。
/n/, [n]　歯茎音の鼻音音素とその異音。
/ɲ/, [ɲ]　硬口蓋音の鼻音音素とその異音。
[ŋ]　音素 /n/ の有声軟口蓋音化した異音。
/p/, [p]　無声両唇音の閉鎖音音素とその異音。
/r/, [r]　有声で1回はじく単震音（歯茎はじき音）の流音音素とその異音。
[ř]　上記音素の摩擦音の異音。
/r̄/, [r̄]　有声で数回はじく多震音（歯茎ふるえ音）の流音音素とその異音。
[r̃]　（上記のr̄の上に摩擦音の記号が加わっている）/r̄/ の摩擦音の異音。
[R]　/r/ と /r̄/ の軟口蓋音の異音。
/s/　S音系の無声摩擦音音素。
[s]　上記音素の前部舌背凸面の歯音（歯茎音）の異音。文字 s の、南北アメリカ・スペイン語の代表的な発音。
[ṡ]　上記音素の舌背凹面の舌尖歯茎音の異音。文字 s の、カスティリア語特有の発音。
[ŝ]　無声歯茎音の破擦音の発音。
[š]　無声前部硬口蓋音の摩擦音の発音。
/t/, [t]　無声歯音の閉鎖音音素とその異音。
/x/, [x]　無声軟口蓋音の摩擦音音素とその異音。
[z]　S音系の有声化した摩擦音の発音。
[ẑ]　有声歯茎音の破擦音の発音。
[ž]　有声前部硬口蓋音の摩擦音の発音。
[ż]　上記[ṡ]の有声化発音。
/θ/, [θ]　無声歯間音の摩擦音音素とその異音。カスティリア語独特の音素。
[φ]　無声両唇音の摩擦音の発音。

|著者紹介|

三好準之助［みよし・じゅんのすけ］京都産業大学教授（スペイン語学）
博士（応用言語学，アルカラ大学）

目録進呈　落丁本・乱丁本はお取替えいたします。

平成22年8月20日　©第1版発行

南北アメリカ・スペイン語	著　者　三好準之助
	発行者　佐藤政人
	発行所
	株式会社　大学書林
	東京都文京区小石川4丁目7番4号
	振替口座　00120-8-43740番
	電　話　(03)3812-6281〜3番
	郵便番号112-0002

ISBN978-4-475-01624-7　　　　　　豊国印刷・精光堂

大学書林
スペイン語参考書

著者	書名	判型	頁数
三好準之助編	簡約スペイン語辞典	新書判	890頁
三好準之助著	概説アメリカ・スペイン語	A5判	232頁
宮本博司著	超入門スペイン語	A5判	168頁
宮本博司著	初歩のスペイン語	A5判	280頁
宮城 昇著	スペイン文法入門	B6判	216頁
岡田辰雄著	やさしいスペイン語の作文	B6判	260頁
国沢慶一編	スペイン語基礎1500語	新書判	112頁
宮本博司編	スペイン語常用6000語	新書判	384頁
宮本博司著	スペイン語分類単語集	新書判	320頁
瓜谷 望編 アウロラ・ベルエタ	スペイン語会話練習帳	新書判	176頁
笠井鎭夫著	実用スペイン語会話	新書判	220頁
水谷 清著	英語対照スペイン語会話	B6判	172頁
瓜谷良平著	スペイン語動詞変化表	新書判	140頁
笠井鎭夫著	スペイン語手紙の書き方	B6判	210頁
中岡省治著	中世スペイン語入門	A5判	232頁
出口厚実著	スペイン語学入門	A5判	200頁
寺﨑英樹著	スペイン語文法の構造	A5判	256頁
神保充美著	仕事に役立つスペイン語	B6判	200頁
山崎信三 フェリペ・カルバホ著	スペイン語ことわざ用法辞典	B6判	280頁

― 目録進呈 ―

大学書林
語学参考書

編著者	書名	判型	頁数
永田寛定監修 渡辺通訓 編	スペイン語小辞典	ポケット判	468頁
瓜谷・柳沢・桑原編	カナ発音西和小辞典	ポケット判	608頁
瓜谷良平監修 編集部編	イラスト入りスペイン語辞典	新書判変形	820頁
瓜谷良平監修 宮本博司 編	現代和西辞典	新書判	736頁
永田寛定監修 田井佳太郎編	和西大辞典	A5判	1480頁
永田寛定監修 田井佳太郎編	和西中辞典	新書判変形	770頁
永田寛定監修 田井佳太郎編	和西小辞典	ポケット判	380頁
永田寛定監修 渡辺・田井編	西和・和西辞典(合本)	ポケット判	788頁
永田寛定監修 渡辺・田井編	西和・和西辞典(混合)	ポケット判	480頁
瓜谷良平 柳沢 豊 編	スペイン語基本文2000	新書判	368頁
瓜谷良平 柳沢 豊 編	スペイン語動詞用例集Ⅰ	新書判	184頁
瓜谷良平 柳沢 豊 編	スペイン語動詞用例集Ⅱ	新書判	272頁
瓜谷良平 柳沢 豊 編	スペイン語動詞用例集Ⅲ	新書判	336頁
瓜谷良平 著	スペイン語絵はがき通信	B6判	152頁
笠井鎮夫閲 森本林平著	英語からスペイン語へ	B6判	308頁
細川幸夫 著	英語活用・百万人のスペイン語	A5判	230頁
伊藤太吾 著	ロマンス語基本語彙集	B6判	340頁
伊藤太吾 著	ロマンス語ことわざ辞典	A5判	464頁
伊藤太吾 著	ロマンス語概論	A5判	296頁

― 目録進呈 ―

大学書林
語学参考書

訳注者	書名	判型	頁数
中山直次訳注	スペイン短編逍遥	B6判	152頁
飯野昭夫編著	フラメンコ詩選	B6判	168頁
ローペ・デ・ベーガ 飯野昭夫訳注	フエンテオベフーナ	B6判	206頁
ロハス 橋本一郎訳注	ラ・セレスティナ	B6判	182頁
ベルセオ 橋本一郎訳注	聖母の奇跡	B6判	192頁
橋本一郎訳注	ルカノール伯爵	B6判	264頁
橋本一郎訳注	よき愛の書	B6判	208頁
ペレス・ガルドス 高橋早代訳注	マリアネラ	B6判	152頁
橋本一郎訳注	わがシッドの歌	B6判	192頁
橋本一郎訳注	ロマンセーロ	B6判	160頁
橋本一郎訳注	フェルナン・ゴンサレスの歌	B6判	192頁
橋本一郎訳注	アレクサンドロスの書 アポロニオの書	B6判	181頁
橋本一郎訳注	第一総合年代記	B6判	224頁
カルデロン 岩根圀和訳注	人生は夢	B6判	248頁
モリーナ 岩根圀和訳注	セビーリャの色事師と石の招客	B6判	250頁
ローペ・デ・ベーガ 岩根圀和訳注	復讐なき罰	B6判	216頁
カストロ 岩根圀和訳注	シドの青春時代	B6判	232頁
アラルコン 岩根圀和訳注	疑わしき真実	B6判	272頁
セルバンテス 岩根圀和訳注	ヌマンシア	B6判	208頁

― 目録進呈 ―

大学書林
語学辞典

古川晴風 編著	ギリシャ語辞典	Ａ５判	1330頁
國原吉之助 著	古典ラテン語辞典	Ａ５判	944頁
土井久弥 著	ヒンディー語小辞典	Ａ５判	470頁
坂本恭章 著	カンボジア語辞典	Ａ５判	560頁
小野沢純 編著 本田智津絵	マレーシア語辞典	Ａ５判	816頁
尾崎義・他著	スウェーデン語辞典	Ａ５判	640頁
古城健志 編著 松下正三	ノルウェー語辞典	Ａ５判	848頁
古城健志 編著 松下正三	デンマーク語辞典	Ａ５判	1014頁
松山 納 著	タイ語辞典	Ａ５判	1306頁
松永緑彌 著	ブルガリア語辞典	Ａ５判	746頁
直野 敦 著	ルーマニア語辞典	Ａ５判	544頁
小沢重男 編著	現代モンゴル語辞典（改訂増補版）	Ａ５判	974頁
今岡十一郎 編著	ハンガリー語辞典	Ａ５判	1152頁
前田真利子 編著 醍醐文子	アイルランド・ゲール語辞典	Ａ５判	784頁
加賀谷寛 著	ウルドゥー語辞典	Ａ５判	1616頁
末永 晃 編著	日本語インドネシア語大辞典	Ａ５判	1600頁
中嶋幹起 著	現代廣東語辭典	Ａ５判	832頁
青山秀夫 編著 熊木 勉	朝鮮語漢字語辞典	Ａ５判	1512頁
半田一郎 編著	琉球語辞典	Ａ５判	1008頁

― 目録進呈 ―

大学書林
語学辞典

著者	書名	判型	頁数
黒柳恒男 著	新ペルシア語大辞典	Ａ５判	2020頁
黒柳恒男 著	現代ペルシア語辞典	Ａ５判	848頁
黒柳恒男 著	日本語ペルシア語辞典(改訂増補版)	Ａ５判	1024頁
大野 徹 著	ビルマ（ミャンマー）語辞典	Ａ５判	936頁
大野 徹 著	日本語ビルマ語辞典	Ａ５判	638頁
野口忠司 著	シンハラ語辞典	Ａ５判	800頁
野口忠司 著	日本語シンハラ語辞典	Ａ５判	816頁
三枝礼子 著	ネパール語辞典	Ａ５判	1024頁
三枝礼子 編著	日本語ネパール語辞典	Ａ５判	624頁
武内和夫 著	トルコ語辞典(改訂増補版)	Ａ５判	832頁
竹内和夫 著	日本語トルコ語辞典	Ａ５判	864頁
荻島 崇 著	フィンランド語辞典	Ａ５判	936頁
荻島 崇 著	日本語フィンランド語辞典	Ａ５判	960頁
田澤 耕 編著	カタルーニャ語辞典	Ａ５判	1080頁
田澤 耕 著	日本語カタルーニャ語辞典	Ａ５判	936頁
黒柳恒男 著	アラビア語・ペルシア語・ウルドゥー語対照辞典	Ａ５判	784頁
児玉仁士 編	フリジア語辞典	Ａ５判	1136頁
三谷惠子 著	ソルブ語辞典	Ａ５判	868頁
千種眞一 編著	ゴート語辞典	Ａ５判	780頁

— 目録進呈 —